일어서라 대한민국

일어서라 대한민국

- 초판 1쇄 인쇄 2025년 12월 22일
- 초판 1쇄 발행 2025년 12월 30일

- 지은이 신보은
- 펴낸이 조유선
- 펴낸곳 누가출판사
- 등록번호 제315-2013-000030호
- 등록일자 2013. 5. 7
- 주소 서울시 강서구 공항대로 59다길 276(염창동)
- Tel 02-826-8802, Fax 02-6455-8805
- 정가 15,000원
- ISBN 979-11-85677-96-5 03230

일어서라 대한민국

신보은 지음

늘 그래왔지만 이번 모든 글 위에는 오직 하나님께서 함께하셨다. 개인의 능력으로는 쓸 수 없는 글들이다. 제목 히나하나, 내용 하나하나가 성령님의 역사하심 속에 이루어졌음을 밝힌다. 부디 대한민국이 민감 국가를 벗어나 정상 국가로 나아갈 수 있기를 바라며, 하나님의 메시지를 담은 글을 내어놓는다.

출판사
누가

목차

들어가는 글

　하나님은 글 쓰는 일을 멈추지 않으신다. 쉬지 않고 일하시는 하나님은 오늘도 대한민국을 위해 일하시고 계신다. 사람이 보기에는 드러나 보이지 않지만, 나라 안팎으로 일어나는 모든 일들을 주시하시고 당신의 뜻대로 움직이시는 하나님이시다.

　세계가 모두 하나님께 속해 있다. 그 중에 대한민국은 세계 속에 특별한 국가이다. 일찍이 이승만 대통령과 나라의 언약을 맺어 성장해온 대한민국이다. 그런데 요즘 대한민국이 혼란에 빠져있다. 좌·우로 분열된 국민들은 정치계를 중심으로 알게 모르게 가슴앓이를 하고 있다. 이는 미국과 중국을 둘러싼 모든 나라 중에서 미국이냐? 중국이냐? 라는 문제와 밀착되어 있다.

　우리 대한민국은 오래전 미국과 동맹을 맺은 나라로서 미국 측에 서야 하건만, 새로운 친중, 친북 정권이 들어와 나라는 더욱 혼란스러워졌다. 원활하지 못한 한미동맹은 한미 FTA를 깨고, 대한민국은 미국에 높은 관세를 지불할 수밖에 없는 실정에 이르렀다. 이에 하나님은 대한민국을 주시하고 계시고, 다시 한미동맹을 이어가길 바라신다. 더딜지라도 꼭 이루실 것을 말씀하신다.

20·30대 많은 청년이 바른 뜻을 찾아 일어서고 있다. 이는 대한민국에 미래가 보임이다. 우리 모두가 자유주의를 수호함에 있어 한마음 한뜻으로 일어나야 할 것이다. 그리할 때 대한민국은 미국과 나란히 정상에 설 것이다.

늘 그래왔지만 이번 모든 글 위에는 오직 하나님께서 함께하셨다. 개인의 능력으로는 쓸 수 없는 글들이다. 제목 하나하나, 내용 하나하나가 성령님의 역사하심 속에 이루어졌음을 밝힌다. 부디 대한민국이 민감 국가를 벗어나 정상 국가로 나아갈 수 있기를 바라며, 하나님의 메시지를 담은 글을 내어놓는다.

2025년 가을날
신보은 목사

1장

예수 정신으로

천하에 그 이름 귀하니
그 이름 마음에 품고
그 마음 내 마음 삼아
복되어라 우리 국민이여!
일어서라 대한민국이여!

01.
사랑하는 대한민국이여!

나라를 위해 다시 펜을 든다. 대한민국이란 나라는 마치 거꾸로 가는 듯 위기를 맞고 있다. 6·3 대선 전에 쓴 글에 이어 이재명이 대통령이 되고서 하나님의 메시지를 다시 전달함은 수없는 갈등을 겪고서이다. 나라를 위해 풀어야 할 과제들이 많아서일까? 하나님은 글 쓰는 일을 멈추지 않으신다. 미약한 나로서는 늘 걸어 왔던 사명의 길을 거역하지 못할 뿐이다. 내가 받은 하나님의 뜻은 과연 이루어지는 것일까? 우리는 오직 믿음으로 기도하며 나아갈 일이다.

어찌하여 대한민국이란 땅에 태어났던고? 내 의지와는 상관없이 이 땅에 왔음은 하나님의 섭리하심이다. 그러나 하나님의 섭리를 거슬러 사람들은 마치 사도 바울의 회심 전 열심이 많아 힘든 사회를 만들고 있다. 비진리가 진리가 되어버린 세상에 사는 듯 사회는 어수선하다.

12·3 비상계엄 이후 이 나라 대통령이 탄핵되고 잘 되는 것이 무엇인가? 우리는 생각해 봐야 한다. 안보는 무너지고 경제, 외교, 사회적 혼란 등 모두가 힘든 것만 같다. 비상계엄 전으로 돌아가 여·야가 서로 협치하여 잘 사는 나라 이루었음 얼마나 좋았을까? 아쉬움을 남긴다. 어찌됐건 이제라도 협치 상생하는 정치로 나아 갔으면 좋건만 참 힘든 상황들을 매일 접한다. "만일 서로 물고 먹으면 피차 멸망할까 조심하라"(갈 5:15) 이르셨건만 진정 그리될까 염려스럽다.

하나님은 한 분 하나님이시건만 나라의 정치 이념은 여럿이다. 목소리 큰 사람이 힘 있는 듯, 당의 의원이 많으면 힘 있는 듯, 옳고 그름은 잣대가 없이 나락으로 끌려가는도다. 인간의 죄 성이 드러나는 정치계, 사법계 등 모두가 자기 욕심에 끌려 떠밀려가는 시대로다.

갈라디아서 5장 15절 말씀처럼 진정 이 나라 대한민국이 피차 멸망하면, 6·25와 같은 또는 일제 강점기와 같은 그런 환난을 또 다시 겪어야만 내 민족이 하나 될까?

하나님은 생각이 많으시다. 우리는 하나님의 복을 받은 나라로

써 하나님의 뜻을 알고 나아가야 이 나라를 지킬 수 있는 것이다. 하나님의 뜻은 대한민국 온 국민이 한마음으로 자유주의 사상을 지켜 저 북한을 점령하고, 세계의 정상에 서는 것이다. 부디 하나님의 기쁘신 뜻이 대한민국 온 국민의 뜻이길 바라는 바이다.

** 2025년 8월 18일 저녁

일어서라 대한민국

02.
자유주의 나라

나라의 대통령은 국격을 상징한다. 그런데 대통령 알기를 뭐같이 아는 자들은 어찌할꼬? 대한민국의 국격이 바닥을 치고 있다. 한 사람이 선동하면 나라도 나락으로 떨어지고, 그러나 또 한 사람이 선동하면 나라가 일어선다. 누가 앞의 한 사람이며, 누가 뒤의 한 사람인가? 세상이 내 맘대로 되는 듯 막가파식의 선동은 오래가지 못한다. 선동을 하려거든 옳은 일에 선동하라. 그리하면 반드시 일어서리라. 나라의 국격인 대통령을 끌어내리고 어찌 서리요. 그에 따른 심판은 반드시 따르리라.

무엇이든 억지로 이루려는 것은 반감을 사기 마련이고, 그 억지가 자신들의 발목을 잡을 때가 있으리라. 남을 밟고 일어서는 성공이 얼마나 지속될까? 성공이란 억지가 아닌 서로의 유익이 되는 방향이어야 참다운 성공일 것이다.

나라의 대통령이 파렴치한 중죄인 취급되어 수갑을 차고 전자 발찌까지 찼다는 보도 앞에 국민은 분노하지 않을 수 없다. 왜 이토록 국민의 목소리를 무시하고 나아가는가? 국민의 목소리를 무시하는 정치는 무너지기 십상이다.

사랑하는 대한민국 사람들이여!
차츰차츰 진리를 위해 앞으로 나아가라!
내딛는 발걸음마다 참 신이신 하나님께서 함께 하시리라!
거짓 신을 숭상하고는 화를 당하리라!

꼭 진리 되신 예수 그리스도 안에 거하여 한목소리를 낼 때 대한민국이란 나라는 크게 번창할 것이라. 그 한목소리는 바라고 바라건데 자유주의 사상(이념)으로 한뜻 이루는 목소리라. 전체주의, 사회주의를 지향해서는 아니 된다. 반드시 자유주의 나라와 연대하여 나아가야 한다. 미국과의 동맹을 굳건히 하여 세계를 향해 나아가야 한다. 어서 속히 한뜻, 한마음을 가질 수 있기를 원하노라.

진리를 알지니 진리가 너희를 자유롭게 하리라 요 8:32

** 2025년 8월 19일 밤

03.
의에 선동하라

세상은 하나님께서 만드셨다. 그런데 사탄에 속해 악이 장악됐다. 그 속에 빛이신 예수 그리스도께서 오셔서 빛을 내어주셨다. 이제 사람들은 차츰차츰 악을 몰아내고 빛의 나라를 이루어가야 할 것이다.

그런데 어떤 이는 악에게 종노릇 한다. 다시 말해 사탄의 사주를 받아 사탄의 종으로 살아간다. 마치 양심에 화인 맞은 듯 뻔뻔하고 의보다 악을 더 선동한다. 거짓말을 지어내고 거짓 선동하여 남을 짓밟는다. 그래서야 어찌 하나님의 백성이겠는가? 하나님의 백성은 평화를 심는 예수 그리스도의 삶을 본받는 사람일진대, 거짓 선동가들은 오직 자신의 뜻을 위해 남이야 어찌 되든 상관없는 삶을 살아가니 문제가 크다.

사람들아! 하나님의 뜻을 알고 의로운 사람으로, 의의 병기로 살라. 설령 수고스러울지라도 남을 이롭게 하는 삶은 아름다운 삶이라. 나보다 남을 낮게 여기는 자들이 얼마나 될까? 성경은 그리 말씀하시거든, 욕심 많은 인간은 자기 자신만이 옳다고 큰소리친다.

예수 정신! 예수 사랑! 예수!

예수 안에 거하는 자들은 성령의 인도하심을 받아 의의 길을 걸을 것이다. 요즘 기독교 내에 자유주의 수호를 외치는 사람들은 그 이유가 있다. 이들은 모두가 성령의 이끄심을 받은 자들이다. 기독교인 청년들이 일어나고 있지 않은가? 이 또한 하나님의 역사이다. 이에 대적하는 자들은 화를 당하리라. 기도하고 또 기도하여 하나님의 뜻을 깨달아 바로 설 수 있기를 바라노라.

** 2025년 8월 19일 밤

일어서라 대한민국

04.
시작과 끝

처음과 마지막이신 하나님은 모든 일을 시작하시고 마치신다. 세상일도 그러하거든 하물며 한 나라의 일이랴? 더욱이 대한민국이란 나라는 그렇다. 대한민국의 사오십 년 전 가난함도, 지금의 부요함도 모두 아시고 함께하신 하나님이시다. 특별히 이승만 초기 대통령을 통해 이 나라 대한민국을 세우시고 잘 사는 나라 이루신 하나님이시라.

어느 나라가 대한민국과 같으리?

사람이 만든 나라 같지만 그 배후에 하나님의 크신 은혜와 역사하심이 있음이다. 이런 사실을 부인한 지도자는 서지 못할 것이며, 이런 사실을 일고 청렴한 길을 기는 지도자는 높이 서게 될 것이라.

33인의 독립운동가 중 16인이 기독교인이었다. 애써 부인하고 싶지만 부인할 수 없는 사실이라. 이승만 대통령을 통해 국회를 세울 때는 이윤영 목사의 기도를 시작으로 이루어졌다. 이와 마찬가지로 대한민국의 마지막도 하나님께서 마치실 것이다. 한 세대가 가면 다른 세대가 오겠지만 끝내는 하나님의 손에 의해 종지부를 찍을 세계와 각 나라이다.

아름다운 사람들이여!
하나님과 함께 그 안에서 아름다운 나라 이루어 가자!
신은 위대하시다.
신의 역사는 무궁무진하시다.
사람의 한계는 신을 이기지 못한다.
영원무궁한 하나님의 역사 따라 영원한 세계를 향하여 나아가라.
이 땅의 선은 다음 세계로 이어지며, 이 땅의 악은 멸망으로 떨어지리라.
작은 자 하나에게 선을 베풀거든 기억하시는 하나님!
반드시 선악 간에 심판할 때가 이르리라.

나는(하나님은) 사람의 뜻과 마음을 살피는 자인 줄 알지라 내가 너희 각 사람의 행위대로 갚아 주리라 계 2:23

** 2025년 8월 20일 오전

05.
약할 때 강하다

천하에 좋은 것은 무엇일까? 부, 명예, 사랑, 지식 등 좋은 것들은 하나님께서 허락하신다. 어떤 사람에게는 부를 허락하시고 또 어떤 사람에게는 명예를, 또 어떤 사람에게는 다른 좋은 것들을 허락하신다. 모든 것을 다 가지면 좋겠지만 꼭 그런 것만은 아니다. 그러므로 사람들은 자신이 가진 것들을 잘 사용하여 살면 되는 것이다. 감당할 능력이 안 되는데 무리수를 쓰다가 힘에 겨워 쓰러지는 경우도 있지 않는가?

사업가는 사업을 잘하여 재물을 얻고, 가수는 노래를 잘 불러 사람들을 즐겁게 한다. 또 정치가는 정치를 잘하여야 하고, 교사는 학생들을 옳은 길로 잘 가르쳐야 한다. 농부 또한 자신이 받은 힘과 시혜로 농사를 잘 지이야 한다. 그런데 자신이 가진 것으로 자랑거리를 삼고 또 좋은 것들로 인해 교만해지는 경우는 어찌 될까? 성경은 자신의 좋은 것들을 자랑하는 자와 교만한 자를 나쁘게 보고 있다. 오직 복음을 위해 살았던 사도 바울은 자신의 약한 것들을 자랑했다(고후 11:30; 12:5). 또한 예수 십자가만 자랑했다.

> 나의 여러 약한 것들에 대하여 자랑하리니 이는 그리스도의 능력이 내게 머물게 하려 함이라 **고후 12:9**

하나님의 능력은 인간의 약한 데서 온전하여진다. 그러므로 사람들은 자신이 약하다고 낙망하지 말아야 할 것이다. 약할수록 하나님을 의지한다면 그는 강한 자들보다 더 큰 능력을 하나님으로부터 받을 수 있다. 스스로 잘났다고 자부하는 자들에게는 하나님의 능력이 그 속에 머무르기 벅차다. 하나님의 능력은 예수 그리스도의 십자가 안에서 나타남을 사람들은 깨달아야 한다.

> 그러나 내게는 우리 주 예수 그리스도의 십자가 외에 결코 자랑할 것이 없으니 그리스도로 말미암아 세상이 나를 대하여 십자가에 못 박히고 내가 또한 세상을 대하여 그러하니라 **갈 6:14**

세상은 그 옛적 아름답게 창조된 세상이 아니다. 이미 아름답게 창조된 세상은 사탄에 의해 무너졌다. 그러므로 사람들은 세상에 대한 정욕과 욕망을 그리스도의 십자가에 못 박고 살아가야 한다. 오직 예수 복음 안에 아름다움을 추구하며 나아갈 때 빛 된 나라를 이룰 수 있는 것이다. 마지막에는 끝내 참 아름다운 낙원에 들어갈 것이다.

** 2025년 8월 20일 밤

06.
환난을 넘기는 방법

우는 자는 울음을 그칠 때가 있다. 웃는 자는 울음을 크게 터트릴 때가 있다. 그런 면에서 인생은 공평하다. 울 때가 있고 웃을 때가 있다. 다만 우는 때를 어찌 잘 넘겨야 할지가 관건이다. 궂은 날 우울한 기분을 넘기듯 잘 넘겨야 할 것이다. 잘 넘겨본 사람은 잘 넘길 것이지만, 곱게만 살아온 사람은 넘기기 힘들 것이다. 그러나 하나님은 감당할 시험밖에는 주시지 않으신다.

사람이 감당할 시험 밖에는 너희가 당한 것이 없나니 오직 하나님은 미쁘사 너희가 감당하지 못할 시험 당함을 허락하지 아니하시고 시험 당할 즈음에 또한 피할 길을 내사 너희로 능히 감당하게 하시느니라 고전 10:13

힘든 시기를 지혜롭게 잘 넘기고 나면 새로운 일들이 찾아온다. 그러면서 인생의 연륜은 쌓여간다. 한 해 두 해 살다 보면 지혜가

일어서라 대한민국

쌓여 "젊은 혈기에는 어찌 그랬을꼬?" 할 때가 있다. 그러나 또 젊을 땐 하고 싶은 것들도 많음에 무엇이건 죄가 아니면 해보는 것도 좋다.

실수와 실패는 누구에게든 따를 수 있다. 다만 기독교인이라면 무엇을 하려거든 꼭 기도하며 나아가는 습관을 들여야 실수와 실패를 줄일 수 있다. 기도 후 나아간다면 설령 실패를 하였을지라도 쉬이 낙망하지 않고 바로 일어설 수 있다. 부모나 인생을 많이 살아본 사람들의 조언을 귀담아 듣는 것도 중요하다. 또한 성경을 읽고 성경에서 지혜를 받는 것도 매우 중요하다.

하나님은 어떤 방법을 통해서라도 당신을 찾는 자들에게 지혜와 힘을 주신다. 그 안에 성령께서 임재 하신다면 그 안에 성령께서는 그 인생을 책임지고 인도하실 것이다. 고난이 없을 수는 없지만 하나님의 은혜를 입은 자들은 고난을 보다 수월하게 넘길 것이다. 고난 뒤에는 축복이 따르기도 한다. 그러므로 고난당할 때에 앞에 다가올 축복을 생각하며 힘을 내야 한다.

환난 날에 나를 부르라 내가 너를 건지리니 네가 나를 영화롭게 하리로다
시 50:15

** 2025년 8월 21일 낮

07.
온전한 삶

삶은 참으로 중요하다. 신중하게 잘 살아가는 삶이어야 한다. 이래도 저래도 한 세상이라고 아무렇게나 살아서는 아니 된다. 기록에 남는 삶도 아니라고 아무렇게 살아서도 아니 된다(실상은 하늘 기록에 남음). 이 땅에서 살았던 삶은 내세로 이어진다. 기독교 교리에 의하면 예수를 주인으로 받고 사는 사람은 영원한 생명에로 들어갈 것이며, 예수가 없는 삶을 산 사람은 영벌을 받아 지옥형벌을 받게 된다.

그러므로 삶이란? 먼저는 하나님을 사랑하고 다음은 이웃을 사랑하는 삶이어야 한다. 자신만을 위한 삶이어서는 아니 된다. 하나님을 사랑하고 이웃을 내 몸과 같이 사랑하는 자는 예수님처럼 바른 삶을 살아가는 자일 것이다. 온전한 삶을 살기는 힘들겠지만 성경은 우리에게 온전하라고 말씀하신다.

그러므로 하늘에 계신 너희 아버지의 온전하심과 같이 너희도 온전하라
마 5:48

하나님은 해를 악인과 선인에게 비추신다. 뿐만 아니라 모든 자연 은총을 악인과 선인에게 똑같이 내려주신다. 이는 우리에게 선인뿐만이 아니라 악인도 사랑하라는 메시지이다. 그러므로 사람들은 악인과 선인을 구별 없이 사랑해야 하다. 힘들겠지만 심지어는 원수까지도 사랑해야 할 대상이며, 자신에게 해를 끼친 자일지라도 그를 위해 기도해야 할 대상이다(마 5:44). 남을 진정으로 사랑하는 자야말로 진정한 삶을 사는 자라고 볼 수 있다. 우리가 서로 사랑하면 하나님께서 우리 안에 계신다.

어느 때나 하나님을 본 사람이 없으되 만일 우리가 서로 사랑하면 하나님이 우리 안에 거하시고 그의 사랑이 우리 안에 온전히 이루어지느니라
요일 4:12

무엇보다도 뜨겁게 서로 사랑할지니 사랑은 허다한 죄를 덮느니라 벧전 4:8

** 2025년 8월 21일 밤

08.
참새 방앗간

대한민국이란 나라는 경제 위기를 맞아 어찌 설지 한심한 지경에 이르렀다. 관세 협상에 밀려 나라 곳간이 거덜 나게 생겼다. 그렇잖아도 빈 곳간 채우기는커녕 빚을 내 써야 할 입장에 놓였다. 빚을 내 소비 쿠폰을 전 국민에게 주고, 이제 그 많은 돈을 메우려니 또다시 국민은 허리띠를 졸라맬 입장인 듯하다.

한 가정의 살림도 앞에 닥칠 일을 생각해서 돈을 쓰건만, 대한민국이란 나라는 잘못된 정책으로 어마한 빚을 지고 우리 미래 세대는 빚더미에 앉게 생겼다. 진정 대한민국의 위기를 극복해 낼 수 있을까? 참새 떼들에게 곳간을 다 털리고 또 털리고 털리게 하려는가? 많은 죄를 덮으려고 생떼를 쓰듯 자리를 꿰차더니, 하는 일마다 국민의 반감을 사는구나. 지금 당장 목숨 줄 끊고 싶으나 참고 또 참고 또 참는 하나님의 심정 이해하려나? "나 여호와 하나님은 조금만 더 두고 보리라"고 말씀하신다.

실 가닥 같은 콧김에도 쓰러질 인간들이여! 내 사상, 내 정치 이념을 내려놓고 오직 나라와 국민만 생각하라. 돈이 일만 악의 뿌리가 되거든 돈을 무섭게 알고, 있는 돈 알뜰하게 잘 써야 할 것이라.

서울은 저 북한에 침범당하기 쉬운 위치라. 서울이 점령당하면 세종으로 가려하는가? 그것이 아니거든 저 북한으로부터 서울을 잘 방비해야 할 것이라. 많은 땅굴을 발견하고도 무덤덤하다면 이 나라는 누가 지킬꼬? 그럼에도 북한 짝사랑에서 벗어나지 못한다면 이 나라는 어디로 갈꼬? 누누이 말하지만 대한민국 서울은 잘 지켜내야 할 것이라. 지키려면 저들이 쳐들어오지 못하도록 경비를 잘하고, 감히 넘볼 생각이 없도록 힘을 보여줘야 할 것이라. 그러려면 한미 군사훈련은 아주 중요한 일이라. 한미동맹을 굳건히 하여 나라의 위상을 보여줘야 할 것이다. 미군을 업신여기는 일은 한미동맹을 약화시킴을 왜 모르는가? 한미동맹을 굳건히 하여 나라를 잘 지켜내길 바라노라.

** 2025년 8월 23일 낮

09.
체제변경은 불의니라

사상은 무서운 역사를 낳았다. 오래전 사회 곳곳에 독버섯처럼 번진 사회주의 사상이 오늘의 대한민국을 위기에 빠뜨리고 있다. 오로지 한 번도 가보지도 않은 그 사상을 위해 폭주하고 있는 폭주족과 같은 무리의 사상이다. 한 번도 경험해보지 않는 위험한 나라를 왜 만들려 하는가? 배부르고 등 따시니 별 희한한 일들을 꾸미는구나.

먹고 살기 바빠 아등바등한 일을 잊었는가?

60·70년대 그때를 잊었는가?

우리 부모들의 삶을 잊었는가?

배고픔의 그 시절을 잊었는가?

이만큼 살기 좋은 나라 누가 만들었는가?

그런데 왜 희한한 체제로 탈바꿈하여 시대를 거스르려 하는가?

이 나라 대한민국은 살기 좋은 나라라.

자유주의 체제를 그대로 유지하여 잘 나가면 더 좋은 나라 이루지
않겠는가?

왜 반미, 친북, 친중을 앞세우는가?

누가 우리의 동맹 국가인가?

누가 우리의 주적인가?

저 북한을 주적으로 보지 못한 별 희한한 무리여!

어서 속히 잘못된 사상을 돌이키라.

돌이키지 않거든 위아래로 좋은 일이 없으리라.

기독교의 하나님 여호와는 지켜보고 또 지켜보노라.

악을 선이라 떼쓰는 무리가 무슨 좋은 일을 낼쏘냐?

악은 악이고 선은 선이라. 의는 의이고 불의는 불의니라.

의를 저버리고 내 헛된 욕심에 끌려 불의를 일삼고, 죄를 덮으려만
해서야 되겠는가?

창세기의 하나님은 인간을 창조하였노라.

창조된 인간이 어찌 창조한 손을 꺾을쏘냐?

인간의 욕심은 죄를 향해 달려가건만 그 죗값을 어찌 씻을꼬?

바라 건데 체제변경의 꿈을 접고 국민을 위한 정치를 하거든 용서
하리라.

여호와 하나님 앞에 서는 날 낱낱이 드러날 행위들을 생각하라.

하나님은 모든 행위와 모든 은밀한 일을 선악 간에 심판하시리라 전 12:14

한번 죽는 것은 사람에게 정해진 것이요 그 후에는 심판이 있으리니 히 9:27

** 2025년 8월 23일 낮

10.
불법 체류

　불법 체류자들을 합법화하겠다는 보도를 듣는다. 이렇게 되면 어찌 될까? 상대는 중국인이다. 중국인은 나라의 돈을 긁어다가 자신들의 나라에 쌓는다. 중국인뿐만이 아니라 불법 체류자들 다 반수가 그런 편이다. 벌어들인 액수가 높은 한국에서 악착같이 돈을 모아 자신의 나라에 집을 사고 땅을 사는 사례들을 왕왕 보아왔다. 또한 노동의 무리수를 감수하고서라도 취업을 하는 외국인들이 늘어나면 우리 국민의 일자리는 사라진다. 그러면 이는 누구를 위한 정치인가? 왜 내 국민은 생각하지 않고 남의 나라 국민부터 생각해야 하는지 안타깝다.

　전전 정권에서도 중국인을 위한 정치를 하더니, 이는 내 국민에게 인정을 받지 못한 대가를 중국인에게서 챙기려 하는 것인가? 내 나라 내 국민을 우선으로 챙겨야 할 것이거늘, 어찌 국민의 세금으로 남의 나라 국민부터 챙긴단 말인가? 중국인 혜택이 많다 하니 언급하나, 언제까지 엉터리 정치를 할 것인지, 하나님은 "지켜보리라"라고 말씀하신다.

안보는 미국과 경제는 중국과 한다며 마치 양다리를 걸치는듯 하나 어디 그 뜻대로 될 수 있을까? 양다리 걸치다가 가랑이 찢어진다는 속담도 모르는가? 내 생각대로 이루겠다 하면 세상 쉽겠지만, 동맹국가인 미국은 한국의 입맛대로 놔두지 않을 것임을 명심해야 할 것이라.

나라의 대통령은 목숨을 내어서라도 국민을 살려야 하는 자리에 있는 자라. 경제를 살리고, 국민의 안위를 지키고, 나라의 위상이 실추되지 않도록, 아니 나라의 위상을 높이 세울 정책을 내어놓아야 할 것이라. 귀를 막고 국민의 소리를 듣지 않으려거든 그 자리를 내어놓아야 마땅하리라.

** 2025년 8월 23일 저녁

11.
선한 일에 힘쓰라

사람들은 돈을 너무 좋아한다. 돈을 쫓아가다가 오히려 화를 당하는 경우도 있다.

돈을 사랑함이 일만 악의 뿌리가 되나니 이것을 탐내는 자들은 미혹을 받아 믿음에서 떠나 많은 근심으로써 자기를 찔렀도다 딤전 6:10

이토록 악의 길로 빠지기 쉬운 돈을 어찌 그리 좋아가는가? 욕심이 문제로다. 쌓고 쌓기만 하고 베풀 줄 모르는 사람들이 많구나! 모름지기 돈은 나누어 잘 쓰여져야 하는 것을…. 쌓아놓은 재산을 나라 위에 자선하고 이름을 남기고자 하는 그런 지도자들은 없는가? 아니 "오른손이 하는 일을 왼손이 모르게 하라" 하시건만 어려운 이웃들에게 나누어 주는 아름다운 손길은 없는 것인가?

사람들이여!

우리는 한 민족 한 언어를 쓰는 사람들이라.

누가 어렵거든 빚 없이 내어주어 하나님의 사랑을 입으라.

이 나라 국민은 특별히 부름 받은 사람들이라.

이스라엘과 같이 선택된 나라라.

그 안에 사람들은 존귀한 존재들이라.

돈을 악에 사용치 말고 의를 위해 사용하라.

보람된 일을 하거든 하늘 위에 기록되리라.

나라 위해 투자하거든 하늘 상급이 크리라.

무엇이건 좋은 일을 하여 보람된 삶을 살길 원하노라.

좋은 일 하는 자는 악을 이기리라. 하나님께서 편이 되어 주시리라.

좋은 일 하는 자가 환난을 당하거든 그 환난에서 건져 주리라.

사람마다 마음 바탕이 다르나 차츰차츰 좋은 마음 넓혀 나라 안에 기쁜 소식 피어나게 하라.

선을 행하고 선한 사업을 많이 하고 나누어 주기를 좋아하며 너그러운 자가 되게 하라 이것이 장래에 자기를 위하여 좋은 터를 쌓아 참된 생명을 취하는 것이니라 딤전 6:18-19

위의 말씀은 사도 바울이 목회자인 디모데에게 하는 당부의 말이므로 목회자들은 특별히 이 말씀을 마음에 새겨 선한 열매를 위해 힘써야 할 것이다.

** 2025년 8월 23일 밤

12.
지도자의 자질

대한민국은 역사 깊은 나라이다. 여기서 무너지면 큰일이다. 여태껏 걸어왔던 길을 잘 지켜나가야 살 수 있다. 평안을 두고 위험을 쏘아서는 아니 된다. 새로운 길은 개척의 무게가 실려 후퇴하기 쉽다. 선조들이 지켜온 대한민국을 꾸준히 잘 이어가야 세계 정상에 오를 수 있다. 선무당이 사람 잡는다고 주먹구구식의 나라 운영은 국민의 행복을 책임질 수 없다.

대한의 사람들이여!
역사의 순수성을 잘 지켜 나아가라!

이 나라는 이승만 대통령의 정신과 박정희 대통령의 정신을 이어받아 나아가야 할 것이라. 괜히 트집 잡고 물어뜯는 자는 서지 못할 사람들이라. 잠시 잠깐 잘 되는 것 같아도 역사의 순수성을 저버린 자들은 끝내 멸망의 길에 서 있는 것이라.

지도자들은 지도자답게 아름다운 삶의 모습을 보이고, 국민의 선망이 되도록 노력하며 살아야 할 것이다. 죄를 지은 자는 부끄러운 줄 알아야 하며, 다시는 죄로 인해 국민의 비판을 받지 않도록 힘써야 하리라. 죄를 짓고도 당당하다면 어찌 지도자의 자질을 갖춘 자라 하겠는가? 사람이 사람다워야 사람인데, 사람이 금수와 같다면 어찌 사람이라 할 수 있겠는가? 사람은 짐승과 달리 만물의 영장으로서 영혼을 가졌거늘, 사람답지 못한 자는 짐승처럼 영혼 없는 자와 같도다.

돈에 욕심이 많은 자는 청렴한 길을 걷기 힘들 것인즉, 이런 자는 지도자의 길에 적합하지 않으리라. 국민은 지도자를 뽑으려거든 그 사람이 걸어온 발자취를 들쳐 보아야 하리라. 대통령이 소년 시절 어찌했다는 소문이 파다한즉 이와 같은 일들은 그 사람의 자질을 들여다보는 한 축이라고도 할 수 있다. 소문이 진실이건 아니건 나쁜 일에 휘말려서는 서기 힘들다. 정녕 진실이 아니거든 야무진 오해 사실을 밝혀야 하리라.

반면 거짓 선동으로 남을 헐뜯는 자들은 바른 양심을 가지라. 내가 헐뜯는 사람이 받을 상처는 생각하지 않는가? 반드시 이르면 눈에는 눈, 이에는 이로 부메랑이 되어 돌아오리라. 피를 보는 자는 피 값을 치를 것이고 남을 넘어지게 하는 자는 자신도 넘어지리라.

사람들이여!
바른 양심, 바른 정신으로 깨끗하고 보람된 삶을 영위하라!

** 2025년 8월 24일 오후

일어서라 대한민국

13.
예수 정신으로

길과 진리요 생명 되신 예수님은 많은 사람을 위해 생명을 내어주셨다.

인자가 온 것은 섬김을 받으려 함이 아니라 도리어 섬기려 하고 자기 목숨을 많은 사람의 대속물로 주려 함이니라 막 10:45

오늘날 대다수의 사람은 섬김을 받으려 하고 높임을 받으려 한다. 그러나 예수님은 오히려 섬기려 이 땅에 오셨다. 자신의 생명을 십자가에 내어주어 많은 사람의 죗값을 치러 주셨다. 예수님은 인류의 죗값을 대신해서 죽어 주셨다. 희생의 제물이 된 것이다.

그런데 요즘 사람들은 어떠한가?

예수 정신은 얼마나 가지고 사는가?

오히려 남을 희생시켜 내가 높은 자리에 오르고자 함이 아닌가?

특히 내노라는 지도자들이 그런듯하다.

한 번쯤은 평민과 지도자들의 마음을 바꾸어 봤으면 좋겠다는 생각이 든다. 웃물이 맑아야 아랫물이 맑거늘 누구든 예수 정신으로 새로운 삶을 보여 주었으면 좋겠다.

정치계, 사법계, 종교계 등 있는 그 자리는 매우 중요하다. 혼과 영과 몸을 바쳐 충성해야 하리라. 싸움을 그치고 넓은 마음을 품으라. 사랑과 자비와 양선으로 맑은 세상을 이루라. 사탄은 교묘하게 멸망으로 이끌리니, 정신 차리지 않으면 먹히리라.

근신하라 깨어라 너희 대적 마귀가 우는 사자같이 두루 다니며 삼킬 자를 찾나니 **벧전 5:8**

위의 말씀은 바르게 살려는 사람들을 사탄 마귀 훼방 자는 늘 쓰러뜨릴 자를 굶주린 사자처럼 찾고 있다는 뜻이다. 영적 세계가 보이지 않아 잘 모르지만, 이는 진정 사실적인 일이다. 의를 이루지 못하게 훼방하고, 거짓을 선동하고, 거짓말을 지어내고, 뻔뻔하고, 교만하고, 남을 넘어지게 하는 영적 존재가 바로 이 사탄 마귀, 훼방자라. 그러므로 누구든 나쁜 마음이 오거든 나를 넘어지게 하려는 사탄의 시도임을 알아야 할 것이라. 늘 근신하며 깨어 자신을 지키라!

** 2025년 8월 24일 오후

14.
관세 문제

대한민국의 역사는 어디로 가나? 이례적으로 없던 일들이 속 속들이 일어나고 있다. 한·미 관세 문제에 경제 위기를 맞게 생겼 다. 국민은 외치나 듣지 않는 정부는 정녕 필요한 정부인가? 말도 많던 "노란봉투법"이 일요일에 슬그머니 통과되었다. 저질러 놓 고 쉬쉬하면 덮어지나? 국민은 분노하고 광장으로 거리로 뛰쳐나 와 목소리를 내고 있다. 8월 16일 광복 집회 때 천만 이상의 많은 국민이 광화문 광장에 모였다. 이러거나 말거나 정부는 아랑곳하 지 않고 결국 "노란봉투법"을 통과시켜 국민의 분노를 더욱 사고 있다.

왜 기업을 해체하려 하는가? 기업이 힘들면 나라가 힘들다는 것을 모를 바 아닐 터인데 왜 그러는가? 기업이 외국으로 빠져나 가면 실업자들이 늘어나건만, 또한 나라 경제가 힘들어지건만 왜 그러는 걸까? 참으로 희한한 정부로다.

　법은 좋은 법을 만들어야 국민이 행복한 삶을 누릴 수 있건만, 자신들의 신념 따라 또는 어느 한 단체의 눈치를 보고 법을 만드는 듯하다. 상식에서 벗어나 이해충돌의 통치를 하는구나. 오늘이 미국 트럼프 대통령과 회담이 있는 날인데 살얼음판 걷는 듯 아슬아슬, 지켜보는 국민은 마음을 졸이는구나. 어떤 결과를 가져올지 불 보듯 빤한 것은? 트럼프 대통령은 "너희들 중국이야? 우리야? 양자택일해." 하는듯하나, 눈치가 없는 정부인지 겁이 없는 정부인지 양손에 떡을 들고 다 먹겠다는 배짱이구나. 김정은도 트럼프 대통령 눈치를 보는지 대한민국 정부를 향해 "개꿈 깨라" 쏘아대건만, 이 정부는 도대체 무엇을 바라보는가?

　어찌 됐든 살아나라 대한민국아!
　잘 견디어 이겨내라 사람들아!
　하나님은 우리 편이라!
　하나님이 도우시도록 하나님의 지혜를 구하라!

＊＊ 2025년 8월 25일 아침

15.
특검 병

전화위복이란 말이 있다. 위기를 맞은 대한민국은 위기를 잘 극복하여 더 큰 복을 받을 수 있다. 환난 당할 때 강하게 일어서는 대한민국 국민의 특성이 아니던가? 하나님은 당신의 뜻에 합당한 자를 반드시 세울 것이다. 죄를 덮고 어찌 좋은 것을 바라겠는가? 오히려 더 큰 죗값이 기다리고 있음을 알아야 할 것이다.

국민이 뽑은 대통령을 어찌 그리 대하는가? 자리를 빼앗은 것도 부족해 구속하고 또 구속하고, 몸이 아파 병원 가는데 손에는 수갑을 채우고 발에는 전자발찌를 채우고, 마치 흉악범 다루듯 하고 있지 않느냐?

특검 병에 걸린 자들이여!
하나님의 심판을 기다리라!

사랑의 하나님은 끝없이 좋으신 하나님만은 아니니라!
진노의 하나님, 심판의 하나님이시라!

노아 방주를 아느냐? 고작 노아 가족 8명만 남기고 모두 대홍수로 쓸어버린 하나님이시라. 남 유다를 포위한 앗시리아(앗수르) 군사 185,000명을 하루아침에 송장이 되게 하신 하나님이시라. 자고로 신의 존재를 무시하고 겁 없이 사는 자들은 화를 면치 못하리라. 억울한 사람은 건져주고 불법을 일삼는 사람들은 엎으리라. 생명이 귀중하기에 참고 참건만, 끝까지 죄에서 돌이키지 않는 자는 끝내 화를 당하리라.

눈먼 바리새인이여 너는 먼저 안을 깨끗이 하라 그리하면 겉도 깨끗하리라 마 23:26

화 있을진저 외식하는 서기관들과 바리새인들이여 회칠한 무덤 같으니 겉으로는 아름답게 보이나 그 안에는 죽은 사람의 뼈와 모든 더러운 것이 가득하도다 마 23:27

** 2025년 8월 25일 낮

16.
자유주의 대한민국

전 국민 한뜻은 매우 중요하다. 오직 자유주의 사상으로 한뜻을 이루어야 하나님은 기뻐하시리라. 자유를 뺀 대한민국은 헛것이라. 종교의 자유가 있고, 언론의 자유가 있고, 표현의 자유가 있다. 그 외에 많은 자유는 대한민국을 발전시키는 제목이 된다. 억압하고 짓누르고 해서는 개인의 성장도 나라의 성장도 없는 것이다. 저 북한처럼 정부가 모든 것을 관섭하려 해서는 아니 된다는 말이다.

각자 개인의 의지대로 발전해 나가야 한다. 기업은 기업의 의지대로, 자영업자들은 법의 테두리 안에서 무한 발전할 의지를 부여해야 경제 성장을 가져올 수 있다. 정부가 새로 법을 만들어 사사건건 대기업에도 관여하고, 소상공인에게도 관섭한다면 어찌 자유로운 나라라 할 수 있겠는가?

대한민국 사람들이여! 그토록 외치던 전 정권의 자유를 지키라. 자유 박탈은 저 북한과 같은 가난함을 초래한다. 저 북한은 그나마 "장마당"이란 자유시장이 있으므로 살아갈 수 있는 것이다. 그러므로 정부는 저 북한의 흉내를 내려 해서는 아니 되고, 국민의 삶에 자유를 억압해서는 아니 된다.

그리스도께서 우리를 자유롭게 하려고 자유를 주셨으니 그러므로 굳건하게 서서 다시는 종의 멍에를 메지 말라 갈 5:1

자유 박탈은 종의 멍에를 지우는 것이다. 누가 주인이고 누가 종이란 말인가? 정부가 나라의 주인 노릇 해서는 아니 된다. 나라의 주인은 국민이라 잘도 말하는데…, 인간들의 주인은 오직 하나님 한 분뿐이시다. 무엇보다도 종교의 자유를 억압해서는 아니 된다. 다양한 종교 활동이 있겠으나, 기독교는 살아계신 하나님을 예배한다. 전전 정부에서 코로나를 핑계로 예배를 막았던 일은 역사의 오점으로 남을 것이다.

그리스도인은 사나 죽으나 예배하는 단체이다. 설령 죽는다 해도 영원한 삶으로, 아픔과 슬픔이 없는 삶으로 들어가기 때문에 코로나의 질병 정도는 거뜬히 이겨낼 사람들이다. 또한 하나님께서 죽이고 살리는 생명의 주관자이시기에 모든 것을 믿고 어떠한 상황 속에서도 그리스도인은 예배한다.   ** 2025년 8월 25일 밤

2장

천국 소망

소망 중에 큰 소망아!
어디에 머무르려나?
어디에 앉으려나?
국민 마음 마음에
선택받은 나라 위에라!

01.
사랑으로 살라

은혜로 사는 사람들은 기도하며 살아간다. 기도를 통해 하늘로부터 오는 신의 복을 받기 때문이다. 하나님은 당신을 찾는 자에게 좋은 것으로 내려 주시는 분이시다. 그 절정은 사후 세계의 화려한 천국이다. 천국은 이 땅에서 겪는 아픔이나 질병이나 사고나 재해가 없는 곳으로서 황홀한 삶을 살아가는 또 다른 세계이다. 이 땅, 이 지구 밖에 존재하고 있는 곳이다. 그래서 하나님의 은혜를 찾아 사는 이 땅의 삶이 매우 중요하다.

예수께서 이르시되 네 마음을 다하고 목숨을 다하고 뜻을 다하여 주 너의 하나님을 사랑하라 하셨으니 이것이 크고 첫째 되는 계명이요 둘째도 그와 같으니 네 이웃을 네 자신 같이 사랑하라 하셨으니 이 두 계명이 온 율법과 선지자의 강령이니라 마 22:37-40

하나님을 사랑하고 이웃을 자신 같이 사랑하는 자는 온 율법을 이룬 자이다. 그러므로 사랑 앞에는 장사가 없는 것이다. 남을 나보다 낫게 여기고 남을 존중하고 진정으로 사랑하는 자는 하나님의 사랑을 크게 입을 것이다. 친구를 위해 목숨을 내어놓는 자, 이런 자는 이웃 사랑의 극치를 이룬 자이다(요 15:13). 이웃이란 모든 사람을 포함한다.

사람의 폐부를 살피시는 하나님께서는 우리가 이 땅에서 행했던 모든 행위를 당신의 행위 책에 낱낱이 기록해 가고 계신다. 마지막 최후 심판대에서 잘한 것은 상급으로 내려 주실 것이다.

** 2025년 8월 25일 밤

02.
진상규명

　모든 일은 정확히 규명되어야 한다. 흐지부지 덮고 넘어가서는 아니 된다. 비상계엄은 비상계엄이고 쿠테타는 쿠테타이다. 한 나라의 대통령이 친위 쿠테타를 일으켰다고 떠들고 다니는 자가 누구인가? 아직 내란죄의 재판이 끝나지도 않았건만 나라망신이로구나. 죄 많은 자가 오히려 죄를 덮고 남에게 죄를 덮어씌우는가?

　한 나라의 대통령이란 그 나라의 위상을 보여 주건만 굴복의 저자세로 아첨하는구나. 돈도 갖다주고, 수입도 해주고, 관세도 주고 다 퍼주면서 뭐 그리 두려워 기어들어가는 자세인가? 국익을 위해서는 한마디도 못하는구나. 관세 10%까지는 아니어도 단 1%도 낮추지 못했구나. 우리 땅을 달라는데 "안 됩니다"라고 한마디 말도 못하는구나. 피로 맺은 혈맹국가가 아니던가?

다시 새 대통령을 세워 다시 당당히 협상하고자 하는 맘 굴뚝 같구나. 그러나 또다시 나라를 시끄럽게 할 게 무언가? 하지만 죄인의 죄는 반드시 밝혀내고, 억울한 자는 꼭 풀어 주리라. 누가 죄인이고 누가 억울한 자인가? 이는 진상규명이 되어 밝혀질 날이 있어야 하리라. 손바닥으로 하늘을 가리려는 자 오래가지 못할 것이며, 눈물로 호소하는 자 그 눈물 닦아 주리라.

보라 네 눈 속에 들보가 있는데 어찌하여 형제에게 말하기를 나로 네 눈 속에 있는 티를 빼게 하라 하겠느냐 외식하는 자여 먼저 네 눈 속에서 들보를 빼어라 그 후에야 밝히 보고 형제의 눈 속에서 티를 빼리라 마 7:4-5

큰 허물 있는 자가 아주 작은 허물 있는 자를 죄인이라 몰아붙이나? 이런 경우는 어찌해야 하나? 국민은 잘 판단하여 일어서야 할 것이라.

** 2025년 8월 26일 밤

03.
교회를 핍박하지 말라

공의와 정의가 실현되어야 좋은 사회이다. 악법도 법이라고 법이면 다 되는 그런 사회는 좋은 사회라 할 수 없다. 입법 만능주의 좌익 세력들은 좋은 사회를 형성하기 힘들 것이다. 어수선하고 요란스런 사회를 만들고자 하는가? 그렇잖아도 공정과 정의가 무너져가는 사회 앞에 우리 대한민국은 어찌 나아가야 하는지 잘 깨달아야 한다. 꼭 막바지 막다른 골목길에 들어 서봐야 아는가? 미리미리 깨닫고, 예방책을 세우고, 나쁜 큰일이 일어나지 않도록 해야 할 것이다.

기도하는 자는 하나님의 지혜를 받아 좋은 길을 예견한다. 또한 지도자는 하나님의 지혜를 온전히 받았을 때 큰 능력을 발휘할 수 있다. 헛된 신의 능력으로는 무너질 줄 생각하고, 최고의 참신이신 하나님을 의지해야 한다. 하나님을 나라의 주된 신으로 모신다면 그 나라는 크게 번창할 것이다. 미국의 번창도 그런 것이고, 오늘날 한국의 급성장도 그런 것이다.

그러나 국내에서도 하나님을 대적하는 지도자는 끝까지 서지 못할 것이며, 오히려 하나님의 심판을 면치 못할 것이다. 어느 정부가 정통 교회를 들이닥쳐 압수수색을 하였던가? 여호와 하나님은 이런 정부를 오래 지탱할 이유가 하나도 없음이라 개인이건 단체이건 교회를 업신여기고 핍박하는 세력은 하나님의 심판의 손에서 벗어나지 못하리라.

대한민국 사람들이여!
주 하나님 예수 앞에 나오지 못할지언정 괜한 교회를 핍박하지 말라!
어찌하여 스스로 멸망의 길에 서려 하느냐?
만국의 여호와 주 하나님은 눈동자 같이 교회를 지키리라!

** 2025년 8월 27일 아침

04.
서울을 지키라

서울은 아름다운 대한의 수도이다. 서울을 떠나 아름다운 대한 민국을 이룰 수 있을까? 수도를 세종으로 옮긴다면 더 아름다운 서울이 될까? 서울은 끊임없이 수도로써 발전해 나아가야 할 것이 기에 반문해 본다.

국민에게 내어준 청와대는 왜 또다시 거둬들이고자 하는가? 일 관성이 없는 일은 국민의 지지를 받지 못할뿐더러, 재정 또한 낭비라. 대한민국의 서울과 대한민국의 대통령실은 늘 안정된 곳이어야 한다. 그러려면 서울을 잘 방비하고 잘 지켜내야 한다. 수도 옮기는 문제에 연연해 서울을 소홀히 해서는 아니 된다.

적은 허술한 틈을 타 공격해 온다. 서울과 수도권에 외국인들의 주권을 너무 많이 내어주어서는 아니 된다. 하이브리드 전쟁이라고 중국인을 국내에 넘치도록 들여서는 아니 된다는 말이다. 어디 가든 눈에 차게 들어온 중국인들이 많지 않은가? 야금야금 먹히다 보면 완전히 먹힐 수도 있음을 생각하고 대비책을 내놓아야 한다. 일부러 중국인들을 끌어들인 정부는 각성해야 하며, 정치를 잘하려거든 대한민국 우리 국민을 더욱 생각하길 바라노라.

그 아름다운 홍콩이 어찌 그리 무너졌는가? 우리는 역사의 본보기를 거울삼아 혼란스런 이 시대를 신중히 살아가야 할 것이다. 에서와 같이 팥죽 한 그릇에 권리를 팔아서는 아니 된다. 대한민국의 주권은 대한민국 국민에게 있음이라.

대한민국 국민들이여!
하나님의 사랑 안에 든든한 나라 번창시켜 나아가라!
희망의 나라, 꿈이 있는 나라, 살고 싶은 나라 대한민국이라!

** 2025년 8월 27일 낮

05.
천국 소망

소망이 없는 자는 살아가기 벅차다. 소망 중에 천국 소망은 모든 어려움을 극복하는 큰 힘이 된다. 특히 죽음을 앞에 두고 있는 환자 중에 소망이 없는 자가 있는가? 그렇다면 그는 속히 예수 앞에 교회로 나오라. 예수는 죽음을 이기신 생명의 주시라. 이 땅의 허물을 다 사하시고 새 생명을 주시리라.

육의 생명이 있듯 영의 생명도 있으니, 육의 장막을 벗을 때 사람의 영혼은 천국과 지옥으로 돌아가노라. 영의 생명이 있는 자는 천국으로 들어가 황홀한 봄날을 맞이하리라. 그러므로 사람들은 예수 생명을 받아 새 생명을 찾아야 한다. 새 생명은 다시는 죽지 않는 생명이요, 영원한 천국 생명이라. 이 땅에서부터 예수 생명을 받아 영원한 천국 생명으로 이어져 영생복락 누리는 복된 삶을 살아가길 원하노라.

석가는 천국에 있을까? 지옥에 있을까? 예수 생명을 받았다면 천국에 있으려니와 그것이 아니라면 지옥에 있으리라. 사람의 힘으로 죄를 없이하지 못하므로 십자가에서 피 흘리신 예수 생명이 꼭 필요하다. 예수 십자가의 보혈로 죄를 씻김 받고 영원한 생명에로 들어가는 것이라. 예수님은 길이요 진리요 생명이시라(요 14:6). 생명은 피에 있으므로 예수님의 십자가 피 공로를 의지할 때, 새 생명을 얻어 거듭나리라.

** 2025년 8월 27일 밤

06.
지금은 행동할 때

대통령은 자유주의를 수호하는 사람이 뽑혀야 한다. 그러면 다시 뛰는 대한민국이 될 것이다. 미국과의 정상적인 동맹도 맺어나갈 것이다. 일방적으로 한국이 미국에게 퍼주어서야 어찌 동맹이라 하겠는가? 어리석은 국민은 꼭 경제 위기를 당해봐야 알겠는가? 다시는 후회스런 대통령을 선출해서는 아니 될 것이다.

지난 대통령은 나라의 희생양이 되었구나. 당한 만큼 갚아 주리라. 아무리 은혜 시대라지만 눈에는 눈, 이에는 이, 피에는 피로 갚아 주리라. "원수를 사랑하라" 하였지만, 불의와 악은 저지해야 할 것이라. 나라가 나락으로 떨어지는데 어찌 가만히 앉아 행동하지 않겠는가? 어느 때보다도 행동할 때임이라. 믿음과 행함이 같이 가듯, 기도와 행함도 같이 가야 한다.

일어서라 대한민국

울 때는 함께 울고, 웃을 때는 함께 웃고, 의분할 때는 함께 의분하라. 차츰차츰 자유주의 수호정신을 넓혀가라. 공산주의, 사회주의, 전체주의는 대한민국의 헌법과도 어긋나며 대한민국의 역사와도 멀도다.

지금 나라 안팎의 어려운 환난을 딛고 일어선다면, 대한민국은 큰 힘을 받을 것이라. 버릴 건 버리고 취할 건 취하여 앞으로 나아가게 하리라. 천만 조직을 넘어 온 국민 한 정신으로 똘똘 뭉쳐서 분열의 담을 헐라. 가짜뉴스들을 몰아내고 진실 보도의 언론으로 국민은 새로운 긴 역사 이루어라.

저 북한을 흡수하리라. 이 나라 대통령은 어떠한 방법으로든 흡수통일은 하지 않겠다고 하는데, 이는 하나님의 뜻과 어긋나 좋은 일이 없을 듯하다. 우리는 흡수통일을 꿈꾸며 이를 위해 힘써야 할 것이다. 저 북한이 무너지면 자유주의 흡수통일을 이루어야 하리라.

** 2025년 8월 28일 낮

07.
찬란한 나라

대한민국은 찬란한 나라를 꿈꾸어야 한다. 하나님과 함께 오대양 육대주를 누비는 나라가 될 것이다. 그러려면 한미동맹을 굳건히 해야 하며, 자유주의 대한을 지켜내야 한다.

현 지도자의 사상은 하나님의 뜻과 어긋나므로 그 속에 있는 꿈들은 모두 내어 버려 멀리해야 할 것이다. 다시 새 지도자를 세워 새로운 나라 이루어가야 할 것이라.

대한민국과 미국 두 정상이 김정은을 서로 좋아한다 하지만, 이 두 정상의 사상은 서로 상반되므로 함께하지 못할 것이다. 대한민국의 잘못된 지도자의 사상이 아닌 미국 지도자의 사상으로 하나 될 때 대한민국은 미국과 함께 정상에 오를 것이다.

중국은 미국을 이기지 못할 것이며, 중국은 한국을 삼키지 못할 것이다. 어느 못된 대통령이 자신의 나라를 이웃 나라에 붙이려 하는가?

정상회담에서 미친 "젝 스미스"를 특검에 비유했는데, 이는 농담 중 진담일 것으로 보아야 한다. 농담이라고 하니 진짜 농담으로 받으면 안 될 것이다. 미친 특검, 정신 나간 특검 소리 듣는 검사들은 이성을 찾아라! 바른 정신을 가지라! 전직 대통령에게 그리 대할 수는 없는 일이다. 인권을 유린하고 어찌 좋은 소리를 들을쏘냐? 숙청, 혁명 또한 오해라고 하니 진짜 오해인 줄 아느냐? 누구든 살고 싶거든 바른 정치를 할 것이라.

사람마다 양심이 있지 않느냐? 양심을 속이고 어찌 서랴? 양심을 속이고 또 속이고는 무엇을 내어놓을쏘냐? 마음에 있는 것들이 밖으로 튀어나와 사회를 더럽게도 하고 깨끗하게도 하느니라. 그러면 필시 깨끗한 마음을 가진 자가 깨끗한 정치를 하느니라.

또 이르시되 사람에게서 나오는 그것이 사람을 더럽게 하느니라 속에서 곧 사람의 마음에서 나오는 것은 악한 생각 곧 음란과 도둑질과 살인과 간음과 탐욕과 악독과 속임과 음탕과 질투와 비방과 교만과 우매함이니 이 모든 악한 것이 다 속에서 나와서 사람을 더럽게 하느니라 막 7:20-23

** 2025년 8월 29일 오전

08.
고향의 그리움

고향은 누구에게나 있다. 자신이 태어나고 자라고 존재하게 한 장소이다. 이 땅의 고향이 있듯이 영계의 고향도 있다. 다시 말하면 사람의 영혼을 존재하게 한 그곳이 있다는 것이다. 그래서 사람이 육신의 장막을 벗으면 "돌아가셨다"라고 말들 하는 것이다. 왜 말은 그리하면서 사후에 돌아가야 할 본향을 생각하지 못하는가? 반드시 돌아가야 한다. 어디서 왔다 어디로 가는지 알아야 제대로 된 인생을 살 수 있는 것이다. 이 땅의 삶만을 생각하기 때문에 어떻게든 부와 명예와 쾌락을 위해서만 살려 하지 않는가?

사람이 한번 죽는 것은 정해진 사실이니, 사람은 반드시 돌아갈 영혼의 고향을 소망해야 한다. 그곳은 하나님께서 치리하시고 주관하시는 세계이다. 이 지구 또한 하나님께서 주관하시지만, 그곳은 더욱더 아름다운 세계이다(천국).

그러므로 사람들이여!

영혼의 고향을 갈망하라!

천국에 들어가지 못하면 지옥으로 떨어지느니라!

황홀한 그 나라의 길은 황금 길이요, 성의 문은 진주 문이라!

많은 사람이 간증 또는 설교하지 않느냐?

그곳이 가상이라면 어찌 그리 많은 사람이 영계를 논하겠느냐?

어찌 그리 목숨을 걸고까지 전하겠느냐?

우리는 그의 약속대로 의가 있는 곳인 새 하늘과 새 땅을 바라보도다
벧후 3:13

그 성곽은 벽옥으로 쌓였고 그 성은 정금인데 맑은 유리 같더라, 그 열두
문은 열두 진주니 각 문마다 한 개의 진주로 되어 있고 성의 길은 맑은 유
리 같은 정금이더라 계 21:18,21

** 2025년 8월 29일 오전

09.
전쟁은 사탄의 특성이다

러시아와 우크라이나의 전쟁으로 세계 경제는 힘들어졌다. 왜 서로 죽이고 빼앗고 하여야 하는가? 생명은 천하보다 귀하건만 어찌하여 국민의 생명을 생각하지 않는 것일까? 두 나라의 수장들은 참 어리석어 보인다. 국민의 많은 생명을 내어주고 땅을 얻고자 함인가? 국민의 목숨보다 땅이 그리 중요한가? 3년이란 긴 세월에 나라의 경제는 또 어떤가? 양보할 건 양보하고 내어줄 건 내어줘서 속히 종전해야 할 것이다.

미 대통령이 종전하도록 애를 쓰건만 못 이긴 척 끌려가면 얼마나 좋으랴? 우리는 세계정세를 잘 읽고 깨달아 거울삼아야 할 것이다. 사탄 마귀는 사람들의 행복을 빼앗고자 별스럽게 노리는구나. 사탄의 특성은 죽이고 멸망시키는 것이라.

도둑이 오는 것은 도둑질하고 죽이고 멸망시키려는 것뿐이요 내가 온 것은 양으로 생명을 얻게 하고 더 풍성히 얻게 하려는 것이라 요 10:10

도둑은 사탄의 사주를 받아 도둑질을 한다. 그러므로 여기서 도둑은 사탄을 뜻한다. 반면 예수님은 사람들에게 생명을 주셨다. 뿐만 아니라 모든 좋은 것들을 주시는 분이시다. 병든 자들을 치료하시고, 배고픈 자들을 먹이셨다. 자신의 몸을 사람들을 위해 대속물로 내어주셨다. 인간의 죗값을 지불하기 위한 대속물이셨다. 사망을 이기시고 부활하시므로 생명의 주가 되셨다. 마지막 날 자신의 백성들을 부활시키실 것이다. 그러나 사탄은 죽이고 멸망시키면 그만이다.

그러니 우리는 사탄의 특성을 닮은 자들을 조심해야 한다. 아무개 주위에는 많은 사람이 죽어 나갔다. 우리는 이런 사람을 조심해야 한다.

전쟁은 사람을 죽이고 나라를 파괴한다. 그러면 전쟁은 누가 부추기는 것일까? 보이지 않는 영계를 들여다보면 사탄의 활동임을 알 수 있다. 우리는 사람을 살리는 자들이요, 죽이고 멸망시키고 피폐하게 하는 세력이 되어서는 아니 된다.

** 2025년 8월 29일 밤

10.
삶의 이유

삶은 잘 살아야 평균 칠팔십이다. 백세시대라 하건만 백 세를 사는 자가 몇 %나 될까? 지극히 적은 수가 백 세를 사는 시대이다.

우리의 연수가 칠십이요 강건하면 팔십이라도 그 연수의 자랑은 수고와 슬픔뿐이요 신속히 가니 우리가 날아가나이다 시 90:10

제아무리 잘 살아도 수고와 슬픔이라고 한다. 이는 이 땅이 죄악시되어 기쁨도 잠시, 슬픈 사연들의 연속이기 때문이다. 먹고 살기 위해 수고하는 슬픔 또한 천국에 비유된다. 남을 밟고 보다 높은 위치에 올라야 하는 슬픔 또한 적지 않다. 남의 밥그릇을 빼앗는다는 말이 있듯이 매일 밥그릇 싸움을 하듯 수고해야 하는 슬픔 또한 적지 않다.

우리는 이런 삶이 좋은 삶이라 할 수 있는가? 그보다 더 좋은 삶을 바라봐야 한다. 죄가 없는 세상, 슬픔이 없는 세상, 땀 흘리는 수고 없이도 잘 사는 세상, 그런 세상이 있다. 천국은 이 땅과 비교할 수 없이 살기 좋은 세상이라는 것을 말하고자 한다. 그러면 우리는 천국에 어찌 들어가는지를 알고 천국을 향한 삶을 살아야 한다.

아담과 하와가 죄짓기 전에는 에덴동산에서 참으로 행복하게 살았다. 먹을 것을 위해 수고할 필요도 없었다. 노동은 죄의 대가로 주어져 오늘날까지 아니 이 땅이 존재하는 한 필요한 것이다. 그러나 천국에 들어가는 날에는 이 땅의 수고도 끝이 난다. 이 땅에서 길이요 진리요 생명 되신 예수님을 영접하여 천국을 향한 삶을 산다면 꼭 천국에 들어갈 것이다. 사람들은 그 소망을 바라보며 살 때 진정한 삶의 이유를 깨닫게 되는 것이다.

** 2025년 8월 30일 낮

11.
시간의 중요성

시간은 금이라는 말이 있다. 시간이 그만큼 소중하다는 뜻이다. 또한 부지런히 일한 자는 일한 시간만큼 돈을 번다는 뜻이다. 하루를 가치 있게 쓰는 사람이 있는가 하면, 무의미하게 보내는 사람도 있다. 물론 쉼을 가질 수도 있을 것이다. 그러나 이 시간마저도 소중하다. 쉼을 통해 더 큰 에너지를 얻기 때문이다. 그렇지만 막연하게 많은 시간을 의미 없이 보내서는 아니 된다.

세월을 아끼라 때가 악하니라 엡 5:16

시대가 그만큼 악하기 때문에 사람들은 좋은 일을 하는데 기회가 많지 않다고 볼 수 있다. 오늘날 사람들의 눈과 귀는 나쁜 일들을 더 향해 있다. 그러므로 늘 근신하며 하나님의 말씀을 읽고, 듣고, 자신들의 영성 관리에 힘써야 한다. 밤이면 무슨 좋은 일이 없을까? 생각하는 사람들은 죄악에 빠지기 쉽다. 어둠의 세력은 죄를 좋아해서 그런 것이다.

> 근신하라 깨어라 너희 대적 마귀가 우는 사자같이 두루 다니며 삼킬 자를 찾나니 벧전 5:8

사탄 마귀는 넘어뜨릴 사람들을 굶주린 사자처럼 으르렁거리며 찾고 있다. 그러니 사람들은 밤이면 집에 들어와 쉼을 갖고, 하나님의 말씀을 읽는다면 참으로 좋을 것이다. 또한 가족들과 함께하는 짧은 시간도 의미 있는 시간이다. 보통 낮에는 자신이 처한 일터에 몸담고 열심히 일하겠지만, 낮에 일터에 나가지 않는 자들 또한 시간을 아껴 주어진 시간을 소중히 써야 할 것이다. 시간은 신속히 흘러 모든 일을 결산할 때가 반드시 있기 마련이다.

** 2025년 8월 30일 낮

12.
범사에 감사하자

감사하는 사람은 닥쳐오는 수난에도 감사한다. 감사해야 할 이유가 있기 때문이다. 그러나 불평하는 사람은 조그마한 불편함에도 불평을 일삼는다. 누가 더 잘 살아가는 사람인가?

감사를 통해서는 하나님의 은혜가 임한다.

감사로 하나님께 제사를 드리며 지존하신 이에게 네 서원을 갚으며 환난 날에 나를 부르라 내가 너를 건지리니 네가 나를 영화롭게 하리로다
시 50:14-15

또한 성경은 "범사에 감사하라"(살전 5:18)고 말씀하신다. 이는 좋은 일이 있을 때만 감사하라는 뜻이 아니다. 좀 심하게 말하면, 좋지 않은 일이 있을 때도 감사하라는 뜻이다. 감사하며 하나님을

찾을 때 환난과 수난 중에서 하나님은 당신의 영광을 드러내시기 때문이다. 우리는 세상의 모든 일이 하나님의 섭리하심 속에 있음을 깨닫고, 감사로 하나님께 예배해야 한다. 그리할 때 우리는 결국 하나님의 은혜 안에서 더 좋은 일을 찾아가게 될 것이다.

이스라엘 백성들은 애굽의 노예에서 해방되었으나, 그 해방됨에 감사하기보다는 거친 광야 생활에 늘 불평하였다. 불평하디 불뱀에 물려 죽은 자들도 많았고, 전염병으로 죽은 자들도 많았다. 그 외에 많은 사람이 불평하다 죽었고, 당시 20세 이상의 사람들은 결국 약속의 가나안 땅에 들어가지도 못하고 광야에서 모두 죽었다. 모세도 아론도 미리암도 광야에서 죽었다.

그러므로 우리는 날마다 성경을 통해 깨달음 받고 승리하는 삶을 살도록 힘써야 한다. 재난, 질병, 사고도 많은 이 시대에 우리는 늘 죽음을 생각하며 바른 삶을 살아가야 한다. 갑자기 사고로 죽은 자가 죄를 회개하지 못했다면 어찌 되겠는가? 지은 죄는 즉시 회개하고 돌이키는 성결한 삶이 필요하다. 하나님은 죄가 없으신 분이시므로, 죄 없이 깨끗한 사람을 기뻐하시고 죄 씻김 받은 그와 늘 함께 하신다.

** 2025년 8월 30일 밤

13.
나라의 아픔

　나라마다 아픔이 있다. 우리 대한민국은 특별히 일제강점기와 6·25의 아픔을 겪었다. 그 외에 많은 아픔 속에서도 대한민국은 세계 강국으로 일어섰다. 그렇게 세운 나라가 위기를 맞아 흔들리고 있다. 미국이냐? 중국이냐? 세계 경쟁의 기로에 서 있다. 친중(친북. 친러) 이념으로 유럽 자유 우방 국가들과 트러블을 일으키고 있다. 이는 체제를 앞세운 이념이며, 더 나아가 영적인 문제를 내포하고 있다. 기독교인들은 미국편에 서 있다. 간혹 기독교인 중에도 하나님의 뜻을 잘 깨닫지 못한 자들이 있다.

　우리는 보편적 가치를 따라가야 한다. 자유, 공정, 상식을 떠나지 말고 지금껏 보존해온 보편적 가치들을 지켜나가야 한다. 특별히 자유를 연대하여 나가야 한다. 자유를 억압하는 중국이나 북한과 연대해서는 아니 된다. 다시 말하면 자유사상과 상반된 나라와는 한뜻을 이룰 수 없다는 것이다. 서로 이념이 상반된 나라끼리는 뜻을 함께할 수 없음을 깨달아야 할 것이다.

> 너희는 믿지 않는 자와 멍에를 함께 메지 말라 의와 불법이 어찌 함께 하며 빛과 어둠이 어찌 사귀며 그리스도와 벨리알이 어찌 조화되며 믿는 자와 믿지 않는 자가 어찌 상관하며 하나님의 성전과 우상이 어찌 일치가 되리요 우리는 살아 계신 하나님의 성전이라 고후 6:14-16

나라로 치면 미국과 한국은 믿는 자요, 중국과 북한은 믿지 않는 자이다. 그리 볼 때 우리 대한민국은 미국과 멍에를 같이 메고 나가야 하나님의 능력을 받아 세계 정상에 설 수 있는 것이다.

** 2025년 8월 31일 주일 예배 후

14.
기도하며 싸우라

대한민국은 어디로 흘러가는가? 마치 거꾸로 흘러가는 모양새는 국민의 치열한 편 가르기로 이어진다. 기존에 정착된 틀을 벗어나 쉴 새 없이 새로운 틀을 향해 달려가고 있다. 개혁이라는 좋은 말을 하지만, 실상은 자유민주주의의 틀을 깨고, 사회주의 독재를 향한 탈바꿈으로 염려된다. 부·처의 이름들을 바꾸고, 쪼개고, 더하는 등 수없는 새 법들을 만들어내고, 마치 못 먹어도 Go 인양 밀어붙이기식 정치를 하고 있다. 겉으로 보기에는 국민을 생각하고 나라를 위한 것 같지만, 그 속은 허상들로 가득 차 있구나. 여·야 양당은 서로를 공격하기에 앞서고 평화를 찾아볼 수 없구나.

일어서라 대한민국이여!
골리앗과 다윗의 싸움이로다.

거인 골리앗 앞에 벌벌 떠는 국민이여!
소년 다윗과 같은 한 사람은 어디에 있는가?

"만군의 여호와" 지존하신 그 이름을 모독하는 거인 골리앗의
블레셋 군을 물리칠 자 누구인가? 그는 하나님의 물맷돌을 취할
것이라. 천사들도 그를 도와 힘을 더하리라.

에스더와 같이 나라를 위해 "죽으면 죽으리라" 목숨 걸자 누구
인가?
악에 대항하여 싸울 자 누구인가?
가만히 앉아 기도만 하면 싸움에 나설 자는 누구인가?

모세는 두 손 들고 기도하고, 여호수아는 현장에서 피나는 전쟁
을 치름같이 이 시대 또한 기도할 자 기도하고 싸울 자 싸워야 할
것이라. 기도만 하라 말하지 말라. 하나님께서 다 이루실 것이라
고 평안히 말하지 말라. 하나님은 국민이 일어설 의지가 있을 때
도울 것이라. 믿음과 행함은 하나라. 마찬가지로 기도와 행함 또
한 하나라. 기도하며 나라 위해 싸울 때 승리하리라.

** 2025년 9월 30일 낮

15.
동성애는 죄라

역사는 앞을 향해 달려가야 한다. 지금껏 대한민국이 그래왔다. 이 시점에서 멈추어서는 아니 된다. 그런데 멈춰 버렸다. 역사의 반역자들은 누구인가? 유구한 역사를 부정하고 새 역사를 이루려는 체제변경의 반역자들을 어찌하랴?

하나님이라면 어찌하실까?

성경에 비추어 보아야 할 터인데, 성경을 가르치는 목사들마저도 판단 없이 나아가는구나. 동성애를 지지한다는 목사들도 있고, 차별금지법을 옹호하는 목사들도 있구나. 그러나 동성애는 죄라. 동성애 합법화는 사회를 무너뜨리는 큰 길목임을 왜 모르나? 다른 나라들이 그리한다고 대한민국까지 따라가서는 아니 될 것은? 대한민국은 하나님의 자존심이 걸린 나라이기 때문이라.

대한민국 사람들이여!

하나님의 위상을 드높여 아름다운 나라 이루어라!

세계가 바라보는 대한민국은 하나님의 영광이라!

자존감을 세워 높이 서라 대한민국이여!

국민의 마음 따라 하나님은 역사하리라!

망하기를 바라거든 망할 것이요, 일어나기를 바라거든 일어나
리라!

아브라함의 믿음 따라 동서남북 멀리 바라보라!

세계를 바라보라!

　미국과 유럽 서방국가와 멀리하고는 어찌 세계를 향해 나아갈
쏘냐? 부디 한미동맹을 굳건히 세우고, 자유국가와 연대하여 나아
가라. 이웃을 내 몸같이 사랑하고, 서로 도우며, 나누며, 선을 실천
하는 삶을 영위하라!

** 2025년 9월 10일 낮

16.
곧 무너지리라

차츰차츰 국민이 일어나고 있다. 하나님은 이에 도우시며 일하시고 계신다. 급한 바람을 일으켜 한 방에 해결할 수도 있지만, 하나님이 바람이 어디서 왔다가 어디로 가는지 모르는 국민 한 사람 한 사람을 일으켜 세우시고 계신다.

누가 대한민국에 심판이 임했다고 하는가? 이런 거짓 선동에 낙심하면 아니 된다. 물론 국민이 대통령을 뽑아 환란을 겪는 것은 사실이지만, 선택하지 않은 국민도 그에 못지않게 많다. 하나님은 부르짖는 목소리에 귀를 기울이시고 그 부르짖음에 응답하여 일하신다. 무엇보다도 선택된 대한민국이 아니던가? 속히 정상 국가 되찾아 저 북한을 흡수하고 세계를 향해 나아갈 것이다.

하나님의 시간대는 하나님만이 정확히 아신다. 우리는 하나님의 시간대에 민감하여 그에 반응해야 한다. 깨어서 늘 기도해야 하나님의 시간대에 민감할 것이다. 세상과 짝하면 서지 못할 것이나, 그 세상은 대한민국을 무너뜨리는 세상이라. 악이 장악된 세상이며 좋고 편안함에 젖어 사는 세상이라. 쾌락에 빠져 사는 세상이라.

간음하는 여인들아 세상과 벗된 것이 하나님과 원수 됨을 알지 못하느냐 그런즉 누구든지 세상과 벗이 되고자 하는 자는 스스로 하나님과 원수 되는 것이니라 약 4:4

간음하는 여인들은 문자 그대로만의 의미가 아니다. 이는 영적인 말로써 하나님을 멀리하고 세상을 따라 사는 자들을 가리킨다. 그러므로 우리는 세상 정욕을 가까이하여 하나님과 원수가 되어서는 흥청망청 일어서지 못할 것임을 알아야 한다. 술에 취하지 말고 성령에 취하라. 새 정권이 들어섬으로 환난을 겪는 자들이 많은데, 이 정권이 금방 무너질 때를 인내하며 힘을 내라.

** 2025년 9월 10일 오후

17.
거짓 자식 마귀

필자가 아는 어떤 사람이 있다. 그에 대해 하나님은 가끔 혹독한 메시지를 주신다.

"그는 물 위에 떠 있는 자라!"
"그는 차라리 태어나지 않았으면 좋았을 사람이라!"
"그는 곧 죽으리라!"
"그는 곧 무너지리라!"

두 번째는 참으로 무서운 말씀이다. 예수님께서 자신을 은 30에 팔아넘긴 가룟 유다에게 하신 말씀이 아니던가? 가룟 유다는 도둑이요, 돈에 욕심이 많은 자로 예수님께서는 그에게 마귀라고 말씀하신 바 있다(요 6:70-71).

인자는 자기에 대하여 기록된 대로 가거니와 인자를 파는 그 사람에게는 화가 있으리로다 그 사람은 차라리 태어나지 아니하였더라면 제게 좋을 뻔하였느니라 마 26:24

예수님은 우리의 죗값을 치루기 위해 십자가에 죽으셔야 했다. 그렇다고 예수님을 십자가에 못 박도록 은 30에 팔아넘긴 가룟 유다의 죄는 합리화되지 못한다. 예수님께서 말씀하신 대로 가룟 유다는 마귀 짓을 계속적으로 추진해 간다. 예수님은 열두 제자 에게 수없이 말씀하셨다.

"너희 중 한 사람이 나를 팔리라."
"나와 함께 그릇에 손을 넣는 자가 나를 팔리라."
"내가 떡 한 조각을 적셔다 주는 자가 나를 팔자라."

그럼에도 불구하고 가룟 유다는 마음을 돌이키지 못하고, 끝내 예수님께 입맞춤하고 예수님을 잡으러 온 자들에게 그만 예수님을 넘긴다. 마귀는 제아무리 말해도 듣는 귀가 없음인가? "귀 있는 자는 성령이 하시는 말씀을 들으라" 하시건만, 오늘날에도 하나님의 말씀에 반하여 이 가룟 유다와 같은 자가 많다.

이 가룟 유다와 같은 자들은 사탄의 사주를 받아 사는 자들이다. 사탄이 그에게 들어가 나쁜 생각을 넣어 주므로 나쁜 일들을 하는 것이다. 때론 광명한 천사처럼 위장하기도 하며, 때론 잔혹한 생각과 행동으로 악한 일들을 만들어 간다. 잠시 잠깐 의를 위해 사는 것 같아 보여도, 그 속은 거짓 자식의 속(마음)인 것이다. 거짓 자식의 속은 상황에 따라 자신에게 유리한 거짓말을 아주 잘한다. 거짓말을 유창하게 지어내기도 하지만 결국 들통나고 만다. 들통나면 위기를 모면할 방도를 찾아 또 거짓말을 지어내니 뻔뻔하기 그지없다.

성경은 이런 거짓말쟁이는 천국에 들어가지 못할 것을 명시하고 있다(계 22:15). 대한민국에 이러한 가룟 유다와 같은 마귀 자식들이 많을수록 나라는 혼란을 겪게 될 것이다. 우리가 어둠 속에 빛을 발해야 할 때이다.

> 너희는 너희 아비 마귀에게서 났으니 너희 아비의 욕심대로 너희도 행하고자 하느니라 그는 처음부터 살인한 자요 진리가 그 속에 없으므로 진리에 서지 못하고 거짓을 말할 때마다 제 것으로 말하나니 이는 그가 거짓말쟁이요 거짓의 아비가 되었음이라 요 8:44

** 2025년 9월 10일 저녁

18.
생각의 다름

우리는 대한민국의 한 형제자매이다. 하나님의 선택에 있어서 하나님의 한 가족이라는 의미를 담고 있다. 하나님의 선택된 나라 이스라엘에 우상 숭배자들이 많았듯이 대한민국에도 그렇다. 그러면 예수 신앙을 가진 사람들은 한 사람 한 사람 더 많은 믿음의 가족들을 확장해 나가야 한다. 그럼에도 불구하고 기독교인들이 줄어든 이유는 무엇일까? 시대는 악해지고 세상은 강퍅해지고 사람들의 삶은 행복도가 떨어지고 있어서일까? 시대를 거꾸로 돌릴 수도 없고 난감한 일이라.

하나님의 생각은 사람의 생각과 다르다.

이는 내 생각이 너희의 생각과 다르며 내 길은 너희의 길과 다름이니라 여호와의 말씀이니라 사 55:8

사람이 생각하는 행복은 무엇인가? 부, 명예, 사랑 등 세상 좋은 것들을 다 가지면 행복한 것일까? 부족함 없이 다 가진 자가 무엇이 아쉬워 하나님 앞에 나올까? 하나님의 생각은 이런 생각들과 다르다는 것이다.

돈을 가질 자는 돈을 가지겠지만, 돈이 많고 부족함이 없어도 행복하지 못한 자가 많다. 부모는 어린 자녀가 좋아한다고 무엇이든 달라는 대로 주지 않는다. 돈을 사랑함이 일만 악의 뿌리가 된다 하시거든(딤전 6:10), 성도들의 간구대로 많은 돈을 주실 하나님은 아니시다. 돈이 많으면 행복할 것 같지만, 하나님께서 생각하시는 행복은 다르다. 그러나 꼭 필요한 물질의 간구는 쉬이 들어주시어 기쁨을 주시는 하나님이시다.

하여튼 하나님의 생각은 성도들의 생각과 많이 다르다. 사도 바울처럼 육체의 가시를 주어 더 기도하게 하시고, 더 겸손하게 하시는 하나님이시다. 곤고하게 하시어 기도 거리를 만들어 주시고, 교만한 자를 겸손하게 낮추시려고 인간의 자랑거리를 빼앗아 가신 하나님이시다.

우리는 이런저런 통로를 통해 특히 하나님의 말씀을 통해 하나님의 뜻이 무엇인가를 잘 깨달아 살아가야 한다. 지금 이 시점에서 하나님의 의도는 무엇인지 늘 깨달음을 받아야 한다. 왜 하나

일어서라 대한민국

님은 대한민국을 어려운 처지에 놓아두는 것일까? 이는 대한민국 모든 사람이 깨달아야 할 일이다. 깨달아 바른길로 돌이키길 바라시는 하나님을 생각해야 한다.

** 2025년 9월 10일 밤

3장

생명의 빛

천하를 얻은들

생명 없이는 안 되오

그 생명은 참 빛이니

영생의 빛, 영광의 빛

빛의 나라 대한민국이라!

01.
가치 공존의 시대

    지금까지 현 사회는 잘 먹고, 잘 사는 일에 집중해 왔다. 이제는 잘 먹고, 잘 사는 일을 뛰어넘어 가치 공존의 시대를 열어가야 한다. 이 나라는 저 북한과 중국 사상에 고립되어 가치 공존의 연대를 이뤄나갈 수 있을까?

    네팔 정부에 대항해 청년들이 시위대를 형성해 들고 일어났다. 정부는 이 일에 쉬쉬하는 느낌이 드나, 어디 네팔만의 일이겠는가? 앞으로 현시대는 세계를 아울러 더 많은 일이 일어날 것으로 보인다. 바야흐로 시대의 흐름을 잘 깨달아 지혜로운 정치 지도자가 필요한 시기이다.

    네팔 반정부 시위대는 유튜브, 페이스북, 인스타그램 등 SNS 사용 자유를 억압받는 등의 이유로 무섭고 황당한 시위를 벌였다.

이 사건에 총리는 헬기를 타고 도망했으며 그 부인은 불태워졌다는 소식을 접했다. 외교부 장관은 습격을 당해 옷 벗긴 채 폭행을 당했으며, 재무부장관도, 많은 고위층 지도자들도 폭행을 당하는 등 72명의 생명을 앗아가는 최악의 유혈사태가 있었다고 한다. 교도소에 불을 지르고 수감된 천여 명에 가까운 죄수들을 끌어냈다고 한다. 참으로 무서운 광경을 영상으로 접하고 보니, 우리나라도 그리될까 염려가 앞선다.

네팔 정부의 사회주의 독재를 생각해 볼 때, 우리 대한민국은 사회주의를 겨냥하고 자유를 연대하는 서방국가와 힘을 합해야 한다. 현시대는 자유를 연대하는 자유민주주의 국가와 사회주의 독재 국가 간의 보이지 않는 싸움인 듯도 하다. 끼리끼리 모인다고 하는 말이 딱 들어맞는 시대를 살고 있어 보인다.

대한민국은 대통령을 끌어내리고 새 대통령이 올랐다. 끌어내리는 자들은 자유연대에 반하는 정치를 펼쳤고, 또 반하는 정치를 펼치고 있다. 이에 국민은 알게 모르게 몸살을 앓았을 것이다.

자신들의 입맛에 맞게 법을 고치고 급기야 정부 조직을 개편해 장기 집권을 유도하고 있다. 검찰을 개혁해, 아니 나쁘게 말하면 검찰을 해체시켜 검찰의 수사권을 무력화시키려 한다. 정부는 삼권분립을 무시하고 입법권, 행정권에 이어 사법권까지 손아귀에

넣으려 하고 있는 것이다.

그러나 제아무리 메뚜기가 날뛴 듯 얼마나 갈쏘냐? 하나님께서 보실 때 이들은 메뚜기에 불과하다. 전 국민을 두루 살피지 않고, 오직 자기편끼리 잘살아보자 식의 자신들만을 위한 권세는 멀리 가지 못할 것이 분명하다. 존귀, 영광, 모든 권세는 하나님께 있음을 깨달을 때 바른 정치를 할 수 있을 것이다.

** 2025년 9월 11일 오전

일어서라 대한민국

02.
재판장이신 하나님

대통령의 탄핵은 정당했는가? 아직도 많은 국민이 이에 반항하고 있다. 이를 볼 때 정권은 물 흐르듯 순순히 건너 받아야 함을 깨닫는다. 호시탐탐 대통령을 끌어내리기 위해 노리는 반정부 세력들에 의해 탄핵되었음이 자명하다. 아직도 전 대통령을 못 죽여서 안달이지 않는가? 구속에 또 구속을 시키고, 이제 영영 구금하여 감방에서 죽게 할 속셈이 아닌가? 법원의 재판을 받고 있건만, 구속하여 특검을 하고 특검으로 안 되니 이제는 특별재판부를 만들겠다는 위헌적인 발상까지 나오고 있다. 국민은 무엇이 억울하고, 무엇이 정의로운지 잘 파악해야 할 것이다.

입만 열면 내란! 내란! 하나님은 그 입과 생각을 주시하고 계신다. 무죄추정의 원칙에 의하면 아직 내란죄라 명명할 수 없건만, 어찌 대통령을 그리 대할 수 있는지, 많은 국민의 분노는 쉬이 사그라지지 않고 있다. 그렇다면 이에 대한 진위여부를 가리실 분은 누구인가?

하나님은 모두 다 아신다. 누가, 누가 나은 사람인지? 누가, 누가 더 나쁜 사람인지 다 아신다. 그 하나님 앞에 인간들은 함부로 떠들어서는 아니 되리라. 하나님은 진짜 참 재판관이시라.

오직 재판장이신 하나님이 이를 낮추시고 저를 높이시느니라 시 75:7

대저 여호와는 우리 재판장이시요 여호와는 우리에게 율법을 세우신 이요 여호와는 우리의 왕이시니 그가 우리를 구원하실 것임이라 사 33:22

하나님은 인간들의 재판장으로서 옳고 그름을 정확히 판단하시어 옳은 자는 높이시고 그른 자는 낮추시고, 끝내 잘못을 회개하지 않는 자는 심판하실 것이다.

** 2025년 9월 11일 낮

03.
교회 탄압

　손현보 목사가 구속되었다. 오늘 전국에 기독교 단체들이 모여 규탄 대회를 열었다. 기독교 단체들이 이리 많은 줄은 미처 몰랐다. 그러나 일부 목사들은 손현보 목사의 구속 문제를 자신과 아무 상관 없는 개인적인 일로 보고 있다. 법치주의 국가에서 법을 어겼으니 마땅히 구속되어야 함을 내뱉는다. 정말로 그런 것인가? 참으로 구속될 일인가? 아직 선거법 위반 여부가 판정되지 않은 수사 과정에서, 수천 명의 영혼을 책임져야 할 손현보 목사는 진정 구속수사를 받아야만 할 대상인가?

　그렇다면 지금 수없이 많은 죄를 덮고 대통령 자리에 떡하니 오른 자는 어떠했는가? "불소추 특권"을 포기하겠다더니 결국 가부를 물어 불구속수사를 받지 않았는가? 선거법 위반이란 같은 죄목 하에 누구는 당대표라 하여 도주할 우려 없음으로 불구속수사를 하고, 목사는 도망할 우려가 있어 구속수사를 하는 것인가? 양심적으로 누가 더 도주할 우려가 있는가? 반문해 보지만, 이는 공정과 상식에 어긋나 보인다. 좌익 세력들은 무조건적으로 앞뒤 덮어놓고 죄가 있으니 당연히 처벌받아야 한다고 주장한다. 그러나 많은 법률가는 가벼운 죄로 보고 있어 이 일은 구속될 일이 아니라고 입을 모으고 있다. 죄가 있다면 기껏 벌금형 정도로 보고 있다.

그러기에 우리 기독교 단체는 전국에서 모여들어 "교회 탄압을 멈추라!"는 규탄 대회를 하는 것이다. 비단 손현보 목사 한 사람만의 일로 "교회 탄압"이라 하지 않는다. 많은 교회와 목사들, 심지어는 기독교 방송국까지 압수수색을 당하고 수사를 받고 있지 않는가? 오죽하면 '도널드 트럼프' 미 대통령도 교회급습은 사악한 일이라고 지적을 하겠는가? 이러한 교회 탄압은 전례 없던 일임을 염두 해야 할 것이다. 민주주의 국가에서 또 미국이란 국가에서는 생각할 수 없는 교회 탄압을 멈추어야 할 것이다.

우리는 미국과의 동맹을 잘 유지하기 위해서라도, 또한 미국의 비위를 건드리지 않기 위해서라도 현명한 판단과 지혜가 필요하다. 무엇을 위해 다스리는가 싶지만, 지존하신 하나님의 교회를 엄습하고 수천 명의 교인을 책임지는 목사를 구속하고는 어찌 좋은 일을 낼 수 있겠는가?

하나님은 차분히 때를 기다리고 계신다. 국정을 마비시키고 선동하여 대통령을 끌어내린 죄, 대통령 자리를 찬탈하여 교회를 급박한 죄, 권력을 자신의 뜻대로 남용한 죄 등 낱낱이 물을 때가 있을 것이다.

** 2025년 10월 11일 밤

04.
내란 선동을 멈추라

사람은 자기중심적인 요소가 다분하다. 그렇지만 양심을 버리고 자기 자신을 커버하기란 힘든 일이다. 오죽이 양심에 화인을 맞아야 저렇게 뻔뻔할 수 있을까? 라는 사람도 있다. 이런 사람들은 자꾸만 횡설수설 좀처럼 중심을 잡지 못한다. 정직한 사람이 정직한 사람을 알아보고, 부패한 사람은 부패한 사람끼리 잘 어울린다.

대통령 취임 100일 기자회견이 있었다. 끼리끼리라고 같은 사람은 잘했다는 평가를 하지만, 또 다른 편에서는 이모저모 많은 비평이 쏟아졌다. 100일 동안 내란선동에 급급했으니 무슨 좋은 일이 있었겠나?

전 정권에서 세운 인사들을 몰아내고 자기 사람들로 채웠으며,

방송통신위원장을 내쫓기 위해 법을 바꾸고, 방통위의 명칭을 바꾸고, 한 사람을 쫓아내기 위해 얼마나 애를 쓰는지 차마 봐줄 수 없을 정도다.

인사 참사는 국민에게 많은 실망을 안겨줬으며, 무엇보다 중요한 한·미동맹에 있어서 관세 협상은 어떠했는지 알 수 있다. 합의문이 필요 없을 정도로 성공적이라고 말했지만, 실상은 교착상태에 빠져있다고 말들 한다. "국익에 필요 없는 사인을 왜 하느냐?"는 대통령의 발언에 관세 협상은 잘 이루어지지 않았음을 국민은 알고 있다. 그렇다면 EU나 일본 등 관세 협상에 성공적인 나라는 한국보다 어리석은 정치를 하고 있는 것인지 반문해 본다. 이제는 진정 반미 운동을 하자는 입장인지 심히 염려스럽다. 부디 한·미 간 원활한 관계가 다시 회복되길 빌어본다.

하나님은 사람을 외모로 보지 않으시고 중심을 보신다. 하나님은 과연 대한민국 대통령의 중심을 어찌 보실까? 다윗은 "하나님의 마음에 합한 자라" 하시고 왕으로 세워 주셨는데, 대한민국 대통령의 중심은 하나님 마음에 어느 정도 합한 자일까? 선출된 자리가 우위라며 사법부를 입법부 하위에 놓고 국민의 평안을 쏘는 대통령 자신의 완강한 뜻에 마음이 아프다. 과연 모든 것은 정권을 쥔 자의 뜻대로 흘러가는가? 이는 두고 볼 일이다.

정치 권력에 있어서 자비나 사랑은 없어 보인다. 특검 기간을 연장하고 더 센 특검과 더 많은 내란 수사 인력을 둘 것을 내세운다. 끝까지 내란 프레임을 씌워 선동하고 나가자는 심사로 보인다. 과연 언제까지일까? 좋은 말도 세 번 이상 들으면 듣기 싫다는 말이 있는데, 그 무시한 내란 프레임은 언제까지 우려먹을 심사인가? 그 많은 수사 인력도, 그 일에 들어가는 자금도 문제없이 내란으로 내란으로 잘도 흘러간다.

이제는 내란을 멈추라! 고무풍선에 공기가 점점 채워져 더 이상은 채울 공간이 없어 보인다. "펑"하고 터질 일을 생각하라! 하나님의 진노를 고무풍선에 공기 채우듯 차곡차곡 채우는 무리는 하나님을 인식하라!

누구든지 헛된 말로 너희를 속이지 못하게 하라 이로 말미암아 하나님의 진노가 불순종의 아들들에게 임하나니 그러므로 그들과 함께 하는 자가 되지 말라 엡 5:6-7

** 2025년 9월 11일 밤

05.
새로운 피조물

성경에 많은 진리가 숨어 있다. 성경을 보고 듣고 깨닫는 자는 진리 안에 똑바로 서서 걸어갈 것이나, 험악한 이 시대에 자기 멋대로 살아가는 사람은 마귀의 밥이 되어 걸어갈 것이다. 그러므로 기독교가 진리인 것을 모르는 사람들은 특별히 조심하여 바른 양심의 삶을 살아가야 한다. 사탄 마귀는 광명한 천사처럼 다가온다. 진리로 위장하고 악을 선으로 포장한다.

영적 세계를 왜 무시하는가? 사람의 영혼이 없다고 주장하는 자들은 하나님을 시험해 보라! 필자 또한 과거에는 내 뜻에 의해 살았다. 그러나 하나님의 터치하심에 많은 영적 세계를 체험했다. 이제는 나의 모든 것을 하나님의 섭리하심과 인도하심에 맡길 수밖에 없이 살아가고 있다. 이 땅의 짧은 삶보다는 영원한 삶을 바라보며 살아가고 있다. 사람마다 주어진 사명이 있고 그 사명의 높이와 깊이가 다르지만, 이렇게 글로나마 하나님의 뜻을 나타내며 살아가고 있다. 누구나 똑같은 분량의 믿음은 아니지만, 사람은 하나님을 경외하며 살아야 사람다운 사람으로 살 수 있는 것이다.

"진리가 너희를 자유하게 하리라"는 말씀 따라 진리 안에 자유를 누리며 살아가야 사람답게 살 수 있는 것이다. 이미 죽어버린 영혼은 예수 안에 살림을 받아야 참 생명이 유지되는 것이다. 예수 생명을 받지 못한다면 이미 죽은 생명이나 다름없다.

그런즉 누구든지 그리스도 안에 있으면 새로운 피조물이라 이전 것은 지나갔으니 보라 새 것이 되었도다 고후 5:17

처음 지음 받은 사람(+영혼)은 죄로 인해 이미 죽어버렸으므로, 사람들은 다시 살림을 받아야 한다는 것이다. 살림 받는 길은 오직 하나, 예수 그리스도를 영접하여 성령으로 거듭나면 되는 것이다. 많은 사람이 이 진리를 모르고 지옥을 향해 달려가니 불쌍한 사람들이 아닌가?

그러므로 사람들이여! 예수 안에, 진리 안에 들어오라!
길과 진리와 생명이신 예수를 영접하라!
영접하는 자는 하나님의 자녀요, 새로운 피조물이라!

** 2025년 9월 12일 낮

일어서라 대한민국

06.
목자의 지팡이와 막대기

내가 사망의 음침한 골짜기로 다닐지라도 해를 두려워하지 않을 것은 주
께서 나와 함께 하심이라 주의 지팡이와 막대기가 나를 안위 하시나이다
시 23:4

이 말씀은 다윗의 유명한 시 중 한 구절이다. 다윗은 하나님을
자신의 목자로 비유하고 자신은 그 양에 비유했다. 어리석은 양은
목자의 보살핌이 없이는 살 수 없다. 그와 마찬가지로 어리석은
인간도 조물주이신 하나님의 은혜가 없이는 살 수 없는 것이다.
하나님께서 적절한 시기에 비를 내려 주시고, 바람과 좋은 공기도
주시고, 햇빛과 아름다운 자연을 주시므로 인간들은 살 수 있는
것이다. 그러므로 교회가 많은 대한민국은 아프리카 같은 나라보
다 더 잘 사는 나라인 것이다.

그런데 왜 은혜를 원수로 갚으려 하는가? 왜 교회를 탄압하고, 왜 교회폐쇄 법을 논하는가? 만에 하나 교회폐쇄 법을 만든다면 대한민국은 역사에서 사라질 것이라. 하나님을 공경하는 자들은 더 좋은 곳으로 인도할 것이나, 하나님 나라를 훼방하는 훼방 자들은 살아도 사는 것이 아닐 것이라.

천만 크리스천들이여!
하나님 나라를 더욱 확장하기에 힘쓰라!
교회폐쇄 법을 입에 담는 자는 경계하고 그를 위해선 기도도 하지 말라!
하나님은 듣지 않으리라!

미국이 왜 일등 국가인 줄 아느냐? 미국은 기독교 국가로 하나님이 세운 나라이기 때문이라. 하나님은 끝까지 미국을 지켜내고 끝까지 세계 정상에 서게 할 것이라. 미국을 적대시하는 나라는 하나님을 적대시하는 나라로 낙인찍혀 좋을 것이 없으리라. 대한민국 또한 미국과 함께 할 때 큰 영광 있으리라.

일어서라 대한민국

그러므로 대한민국은 하나님의 양으로서 하나님의 보호 아래
살아가라!
목자의 지팡이와 막대기가 떠나지 않으리라!

** 2025년 9월 12일 낮

● 지팡이와 막대기는 양을 바른길로 인도하고 지키는 데 쓰는 도구이다.

07.
창세기의 하나님

창세기의 하나님은 생명 창조의 하나님이시다. 생명이 자라기 좋은 조건들을 창조하시고, 마지막에 인간을 창조하셨다. 또한 인간이 살기 좋은 에덴동산을 먼저 창조하신 다음 마지막에 인간을 창조하셨다. 그러면 창조의 목적은 인간을 위한 창조임이 확실하다. 이는 그만큼 인간들의 생명과 삶을 귀히 여기시는 하나님이심을 알 수 있다. 한마디로 인간은 하나님과 교제하기 위해 하나님의 형상을 따라 창조되었다.

그런데 하나님의 인간 창조 목적은 빗나갔다. 간교한 뱀을 통해 하나님과 인간의 교제는 끊어지고 인간 속 하나님의 형상은 깨지고 말았다. 다시 재창조를 위해 예수 그리스도를 보내 주셨다. 예수 그리스도를 영접하는 자는 성령으로 다시 살림을 받아 예배를 통해 하나님과 교제할 수 있는 것이다. 훗날 진정한 천국에 들어가면 에덴동산에서처럼 다시 얼굴과 얼굴을 대면할 수 있다. 그런데 아직도 수많은 사람은 그 하나님을 모른다. 그 이유는 죄로 인한 인간들의 완악함과 뱀의 탈을 쓴 사탄이 하나님께 나오는 길을 막고 있기 때문이다.

제아무리 복음의 씨앗을 뿌려도 생명의 싹이 나지 않기도 하나, 설령 싹이 난다 하여도 세상 정욕이나 인간의 욕심으로 인해 복음의 진리는 뿌리를 내리지 못하고 쓰러져 버린다. 그러나 하나님은 끝까지 포기하지 않으신다. 부자가 천국에 들어가는 것이 낙타가 바늘귀로 들어가는 것보다 어렵다고 하셨지만, 하나님은 다 하실 수 있으시다.

다시 너희에게 말하노니 낙타가 바늘귀로 들어가는 것이 부자가 하나님의 나라에 들어가는 것보다 쉬우니라 하시니 제자들이 듣고 몹시 놀라 이르되 그렇다면 누가 구원을 얻을 수 있으리이까 예수께서 그들을 보시며 이르시되 사람으로는 할 수 없으나 하나님으로서는 다 하실 수 있느니라
마 19:24-26

하나님의 일하시는 능력은 인간의 상상을 초월한다. 하나님께서 구원하시기로 작정하시면 그 누구라도 그 무엇이라도 막을 수 없다. 인간의 궁극적인 삶은 천국에 들어가기 위한 삶이다. 인생의 결국은 영혼 구원에 있음을 알고 행하는 것이 복된 삶이다.

믿음의 결국 곧 영혼의 구원을 받음이라 **벧전 1:9**

예수 그리스도를 믿음으로 영혼의 구원을 받고, 결국에는 찬란한 천국에 들어가 하나님과 영원토록 교제하며, 영생복락을 누릴 자 누구인가? 그는 예수 그리스도를 영접한 자라.

** 2025년 9월 13일 오전

08.
바다 같은 넓은 마음

넓은 마음은 누가 가져야 하는가? 누구나 다 넓은 마음이라면 좋겠지만, 특별히 지도자들의 마음은 누구보다 넓은 마음이어야 할 것이다. 동기들을 품지 못하고, 남을 생각하고 배려하는 마음이 없이 어찌 지도자의 마음이겠는가? 또한 자기주장만 주구장창 앞세운다면 이는 어찌 지도자의 좋은 마음이겠는가?

요즘 대통령의 완고한 마음이 들여다보여 안타깝다. 내란특별 (전담)재판부 문제로 사법계와 트러블을 일으킴은 다른 편들을 잡아 없애버리자는 심사가 아니겠는가? 내란 청산에 사법부까지 수난을 겪고 있음이다. 또한 자신의 재판을 완전히 지워버리고픈 속셈도 있을 것이다.

그 많은 죄를 덮고 대통령 자리에 오른 것이 적은 일인가? 그만

하면 감사, 만족하겠건만 도를 지나친듯하니 안타까울 따름이다. 무리수를 쓰다가는 분명 넘어질 것을 생각하지 못하는 것일까? 지금껏 헌법대로 이어왔건만 왜 무리수를 두는가? 탄핵만으로 부족하여 특검, 구속, 이에 더하여 내란특별재판부, 내란전담재판부가 웬 말인가? 기필코 흔적도 없이 날려 버리겠다는 완악함에 지도자의 넓은 마음은 찾아볼 수 없는 것 같다. "권력 행사는 잔인하게 해야 한다."라는 과거 충격 발언을 상기시켜 준다.

용서를 구한 자에게 용서를 베풂은 누구나 할 수 있는 일이다. 누구든 용서할 수 있는 자가 더 멋진 지도자일 것이다. 전 국민의 협치를 위해서 더 멋진 지도자는 될 수 없는 것인가? 이미 보수우파 한쪽 국민은 대통령 탄핵과 구속으로 큰 슬픔을 당했다. 그러면 이제 그 슬픔 당한 국민을 품어 주어야 하지 않겠는가? 아니 품지는 못할지언정 더 이상 식상하지 않게 하여야 할 것인즉, 더 센 특검이 웬 말인가? 다시 말하지만 많은 재판을 중지시키고 대통령 자리에 오른 것이 적은 일이 아님을 기억해야 할 것이다.

하나님은 결코 지켜만 보지 않을 것이다. 하나님 앞에 보수우파도 다 똑같은 대한민국 국민이다. 흔히 말하는 개딸들 만으로 우리 국민, 우리 국민 하지 마라! 인간의 욕심은 끝이 없이 달려가나, 하나님은 반드시 그 인간의 교만에 태클을 걸리라.

일어서라 대한민국

바벨탑이 왜 무너졌는가? 인간들은 높이 더 높이, 하늘까지 탑을 쌓아 우리 이름을 내자 했건만, 하나님은 그 인간들의 언어를 혼잡하게 하여 탑 쌓는 일을 중지 시키셨다. 자신들의 힘을 모아 우리의 뜻을 이루어내자 했건만, 턱없이 어리석은 일이라. 전례 없이 이례적인 일들을 만들어 올라가자! 올라가자! 하건만 어리석은 인생들은 불쌍하기 그지없구나.

보수우파 국민이여!
끝까지 힘을 내어 나라를 지켜내라!
대한민국의 체제를 지켜내라!

하나님은 힘이 없어 두고만 보시는 하나님이 아니시라. 지금도 무언가 나라를 위해 일하시는 하나님이시라. 내려다본 인생들은 모두가 끝이 날 때가 있음을 생각하노라.

이는 세상에 있는 모든 것이 육신의 정욕과 안목의 정욕과 이생의 자랑이니 다 아버지께로부터 온 것이 아니요 세상으로부터 온 것이라 이 세상도, 그 정욕도 지나가되 오직 하나님의 뜻을 행하는 자는 영원히 거하느니라
요일 2:16-17

** 2025년 9월 13일 밤

09.
대한민국을 구하라

　대한민국은 기도하는 사람들이 많다. 하나님께서는 기도하는 사람들을 기뻐하시고 그들의 기도를 낱낱이 듣고 계신다. "무엇이든지 내 이름으로 구하라" 하신 주님은 많은 기도를 응답하셨다. 즉시 응답 된 기도들도 있고, 몇 달 후 몇 년 후 응답 된 기도들도 있을 것이다. 또한 아직 응답 되지 못한 기도들은 언젠가는 응답될 것이다. 다만 정욕으로 쓰려고 잘못한 기도는 응답 되지 않을 것이다(약 4:3).

　우리는 의심 없이 오직 믿음으로 하나님 앞에 나와 기도할 때 하늘로부터 오는 좋은 것들을 받아 누릴 수 있다. 그러나 의심하는 자는 바람에 밀려 요동하는 바다 물결 같으니(약 1:6), 이런 자는 무엇을 기도한들 얻기 힘들 것이다.

기도도 물론이거니와 모든 일은 참 마음으로 해야 한다. 하나님은 사람의 심령을 감찰하시기에, 마음이란 참 중요한 것이다. 이스라엘의 초대 왕 사울은 그 마음이 변절되었다. 처음에는 아주 겸손하였으나, 왕이 되고 보니 하나님도 두렴 없는 듯, 하나님의 말씀을 듣지 않았다. 그러므로 하나님은 사울 왕을 폐하시고 다윗 왕을 세우신 것이다. 다윗은 하나님의 마음에 합한 자요, 하나님께 늘 기도하는 지였디. 무슨 일이든 하나님께 물었으며, 그 물음에 하나님의 지시대로 행하였다.

한번은 블레셋 사람이 '그일라'를 쳐서 그 타작마당을 탈취해 간 적이 있었다(삼상 23:1). 그때도 다윗은 하나님께 "내가 가서 이 블레셋 사람들을 치리이까?"라고 물었다. 하나님께서는 다윗에게 "가서 블레셋 사람들을 치고 그일라를 구원하라"고 하셨다. 그러나 다윗과 함께한 사람들은 '그일라'보다 안전한 유다에 있기도 두려운데, 어찌하여 '그일라'까지 내려가서 블레셋 군대를 치려 하느냐고 만류했다. 그러자 다윗은 하나님께 다시 물었다.

다윗이 여호와께 다시 묻자온대 여호와께서 대답하여 이르시되 일어나 그일라로 내려가라 내가 블레셋 사람들을 네 손에 넘기리라 하신지라
삼상 23:4

여기서 우리는 "다시"라는 말에 주목할 필요가 있다. 다윗은 사

람의 뜻이 아닌 하나님의 뜻이 중요한 것이다. 다시 기도하여 재차 하나님의 뜻을 확신한다. 사람이 보기에는 어려워 보여도 하나님은 어떤 일이든 쉽게 해내시는 분이시다. 이에 다윗은 블레셋과 싸워 크게 승리를 거두었다. 적의 가축을 끌어오고 그일라 주민을 구원하였다. 우리는 위의 상황에서 볼 때 하나님의 뜻은 이루지 못하심이 없음을 알 수 있다.

빼앗긴 '그일라'의 재산은 모든 사람이 찾기 힘들다고 하였지만, 다윗 한 사람이 기도하므로 하나님은 그 기도를 들으시고 당신의 백성을 구원하신 분이시다. 우리는 하나님을 의지하여 하나님의 뜻이면, 그 어떤 어려운 싸움도 이길 수 있음을 확신하고 나아가야 한다. 포기하지 않으면 때가 되면 이루는 것이다.

오늘날 대한민국을 구하는 일에 있어서도 그 어떤 어려움이 있다 한들, 하나님께서 함께 하시면 불가능이 없음을 확신하고 싸워야 한다. 다윗처럼 늘 하나님의 뜻을 묻고 그 안에서 행동해야 할 때이다. 기도와 행함을 하나로 묶고 충성스럽게 싸워야 할 것이다.

'르비듬'에서 '아말렉'을 쳐 승리하게 하신 하나님께서는 오늘날 대한민국을 악의 세력들에게서 반드시 건질 것이다. 자유민주주의 대한은 사회주의를 지향하는 세력과 싸워 이길 것이다.

여호와 닛시!
하나님은 우리의 깃발이시라!

** 2025년 9월 19일 낮

10.
그리스도인

하나님은 언약하시는 하나님이시다. 아브라함과 언약하시고 그 후손 이삭과 야곱에게 언약하셨다. 그 언약의 결과를 간략히 말한다면, 여호와는 그들의 하나님이 되고 그들은 하나님의 백성이 되는 것이다. 언약에는 구체적인 조건이 따르지만, 하여튼 하나님은 언약하시고 그 언약을 이루시는 분이셨다.

그런 면에서 아브라함과 이삭과 야곱의 언약은 같은 언약이다. 야곱을 통해 이스라엘 나라가 형성되었다. 다시 말해 야곱의 열두 아들, 열두 지파를 통해 이스라엘이란 한 나라를 이루었던 것이다. 하나님은 야곱의 이름을 "이스라엘"이라 바꿔 주시고, 그 이름을 따른 "이스라엘"이란 나라를 이루셨다.

아브라함과 이삭과 야곱의 하나님은 이스라엘의 하나님이시다.

그 이스라엘에서 오늘날 기독교가 형성되었다. 구약시대에 그토록 구원자 "메시아"를 보내시겠다고 하셨으나, 진정 메시아가 그들의 땅에 오자 그들은 메시아를 메시아로 인정하지 못하고 끝까지 받아들이지 못했다. 종교 지도자들에 의해 메시아(그리스도)로 오신 예수님은 십자가에 죽임을 당하셨고, 죽임 당하신 예수님은 장사 지낸 바 된 지 삼일 만에 무덤 문을 열고 다시 살아나셨다. 다시 사신 예수님은 40일 후 승천하셨지만, 기독교 예수 신앙은 예수님의 제자들에 의해 온 이스라엘과 이방 나라들에 전파되었다.

오늘날 우리 대한민국도 미국 선교사들에 의해 복음을 받고 크게 번창하였던 것이다. 이스라엘이 자기 땅에 오신 하나님의 아들 메시아를 받아들이지 못한 결과, 이제 이스라엘은 혈통적인 나라에서 영적인 나라로 승화되었음을 알 수 있다.

> 무릇 표면적 유대인이 유대인이 아니요 표면적 육신의 할례가 할례가 아니니라 오직 이면적 유대인이 유대인이며 할례는 마음에 할지니 영에 있고 율법 조문에 있지 아니한 것이라 롬 2:28-29

유대인은 이스라엘이 남북으로 분열된 후 남 유다 곧 성전과 예루살렘 성이 있는 곳에 사는 사람들을 명칭 한다. 마지막까지 총체적인 이스라엘을 대표하는 사람들로 볼 수 있다.

위의 말씀을 볼 때 표면적 유대인은 당시 이스라엘 땅에 사는 혈통적인 사람들을 지칭할 수 있고, 이면적 유대인은 예수님과 그 제자들로 이어지는 참 신앙인들이라고 볼 수 있다. 그러므로 오늘날 참 기독교인들은 아브라함과 이삭과 야곱의 언약을 받은 유대인들인 셈이다. 우리 대한민국은 예수 신앙 안에 가지를 잘 뻗은 나라이며, 그리스도인이 많은 나라이다.

** 2025년 9월 19일 낮

11.
진리의 성령

진리는 땅에서 솟아나고 의는 하늘에서 굽어보도다, 의가 주의 앞에 앞서 가며 주의 길을 닦으리로다 시 85:11,13

진리는 하나님의 말씀이다(요 17:17). 진리는 예수님이시다(요 14:6). 진리는 성령님이시다(요 15:26; 16:13).

그러나 진리의 성령이 오시면 그가 너희를 모든 진리 가운데로 인도하시 리니 그가 스스로 말하지 않고 오직 들은 것을 말하며 장래 일을 너희에게 알리시리라 요 16:13

"진리가 땅에서 솟아난다"라는 말은 하나님의 백성들이 하나님을 진실로 경외하는 모습들을 표현한 것이다. 그렇다면 대한민국 땅에는 진리가 얼마나 솟아나는 것일까? 얼마나 하나님을 경외하는 것일까? 많은 교회가 있지만 성도의 중심은 얼마나 하나님을 향해 있을까?

아무렴 하나님은 수치를 초월하여 대한민국을 기뻐하고 기뻐하신다. 어느 나라보다도 하나님의 기뻐하심이 크신 대한민국이다. 하나님께서는 차츰차츰 진실한 성도들의 연합을 이끌어내실 것이기 때문이다. 대한민국을 하나님의 나라로 선택하셨으니, 앞으로도 계속 세계를 향해 이끌어내실 것이기 때문이다. 이미 많은 성도가 하나님과 진실한 교제를 하고 있다. 각자의 성령을 통해 다윗과 같이 하나님의 마음에 합한 자들을 키워내고 계신다.

예수님은 이 땅에서 하늘 보좌로 올라가셨지만, 하나님은 참 성도들에게 각각의 진리의 성령을 하늘 아버지께로부터 보내주셨다. 진리의 성령을 받은 자들은 진리의 길로 이끌리며, 이 땅에서 하나님의 의를 표출하여 의로운 나라를 확장해 가고 있다. 시대가 악하므로 완전한 의를 이루기란 쉽지 않지만, 진리의 성령께서 함께하시면 어려운 일도 아니다. 궁극적으로는 의의 나라, 완전한 하나님의 나라를 이룰 것이다.

사탄 마귀는 그 추종자들과 의로운 나라를 세우지 못하도록 방해한다. 그러나 하나님은 무수한 천군 천사들을 보내 악의 세력들을 무력하게 하신다. 악의 뿌리가 높이 솟은 것 같아도 악의 뿌리는 쉬이 꺾일 수 있다.

그러므로 대한민국 사람들아!
악의 형통함에 두려워 말라!
의로우신 하나님께서 의의 길을 닦으시리라!

의인의 소망은 즐거움을 이루어도 악인의 소망은 끊어지느니라 잠 10:28

** 2025년 9월 20일 오전

12.
육체의 소욕과 성령

자기의 육체를 위하여 심는 자는 육체로부터 썩어질 것을 거두고 성령을
위하여 심는 자는 성령으로부터 영생을 거두리라 갈 6:8

"콩 심은 데 콩 나고 팥 심은 데 팥 난다"라는 속담이 있다. 이
는 "심은 대로 거둔다"라는 진리의 말씀이다(갈 6:7). 이와 같이 육
체를 위하여 심으면 썩어질 것을 거두고 성령을 위하여 심으면 영
생을 거둔다.

육체의 소욕은 성령을 거스르고, 성령은 육체를 거스른다(갈
5:17). 다시 말해 세상의 법만을 의식하여 세상 것들을 즐기는 사
람들은 육체의 소욕을 따라 썩어질 것들을 거둘 뿐이며, 성령을
좇아 사는 사람들은 즉, 하나님의 뜻을 좇아 사는 사람들은 영원
한 생명을 얻고, 궁극적으로는 황홀한 천국에 들어가게 된다.

요즘 정치권을 보면 육체의 소욕대로 썩어질 것들을 위해 목숨 거는 사람들이 많은듯하여 참 안타깝다. 자신들의 뜻을 위해 국민이 어찌 보든 헌법을 요리조리 잘도 조리한다. 입법권의 높은 지위를 주장하여 국민은 다 알 수도 없는 법들을 잘도 만들어낸다.

근래에는 특별히 대법원장을 쫓아내지 못해 안달이다. 대법원장이 대통령 권한대행과 회동하여 대통령의 공직선거법 '파기환송' 재판을 했다는 조작된 영상을 들고 나와 국민을 더욱 혼란스럽게 하고 있다. 또한 전 대통령의 재판을 맡고 있는 판사가 자신들에게 불리한 재판을 할 것을 염려해 이 판사 또한 끌어내리기 위해 술자리 가짜 설을 퍼트리는 등, 이것들과 관련하여 여당은 사법부 개편안을 두고 야단법석이다. 여·야는 서로 자신들의 위치에서 팽팽한 줄다리기를 하고 있음이다.

이제 국민은 무엇을 믿고 나가야 하는가? 성경은 수없이 말하고 있다. 셈할 가치가 없는 인생들을 의지하지 말고 하나님을 의지하라고 말이다. 오직 하나님만이 우리의 재판장이시며, 힘이시며, 산성이시며, 도움이시다. 천지를 지으신 여호와 하나님만이 우리의 산 소망이시다.

우리는 육체의 소욕을 성령으로 제어하고 산 소망을 향해 나아갈 때. 하나님께서는 대한민국의 모든 일을 책임지실 것이다. 다시는 외세침입을 당하지 않게 하실 것이며, 미국과 함께 세계 정상 국가로 서게 하실 것이다. 한미동맹을 굳건히 맺어 안보는 튼튼히, 경제 수준은 높아지게 하실 것이다.

** 2025년 9월 20일 낮

13.
공수래공수거

우리가 세상에 아무 것도 가지고 온 것이 없으매 또한 아무 것도 가지고 가지 못하리니 딤전 6:7

인생은 빈손으로 왔다가 빈손으로 간다. 세상에 있는 물질이 제아무리 내 것일지라도 갈 때는 모두 두고 간다는 뜻이다. 누가 먼저 가고 누가 나중에 갈지는 아무도 모른다. 땡감도 떨어진다고 젊은 나이임에도 명을 다하는 경우가 늘고 있다. '찰리 커크'는 31세의 나이에 누가 그리될지 알았겠는가? '찰리 커크'의 죽음이 허무한 죽음은 아니지만, 인생들은 언제 이 땅을 뜰지 모르는 일이다.

우리는 이 사실을 인식하고 산다면 헛된 삶을 살지는 않을 것이다. 무엇보다도 더 의미 있는 삶을 살 것이다. 적어도 더 많이 갖기 위해 아웅다웅, 아등바등 하지는 않을 것이다. 남을 위해 살지는 못할지언정 내 삶의 책임은 확실히 할 것이다.

그런데 수많은 인생이 마치 이 땅에 천년만년 정착할 것처럼 보여서 안타깝다. 재물을 쌓고 또 쌓고 쌓기만 하는 사람이 있는가 하면 귀한 인생을 함부로 사는 사람들도 있다. 자기 욕심 때문에 악을 쓰며 사는 사람들도 있다.

세상 것들은 손에 쥐고 가지 못하지만, 이 땅에서 저 하늘에 쌓고 가야 할 것들은 있다. 하나님께서 알아주는 의와 선을 쌓으면 된다. 그런데 그마저도 쌓지 못하고 무엇을 위해 사는 것인가? 솔로몬 왕은 당대 최고의 부와 명예와 사랑을 가져봤지만, 그의 말년에 남긴 중요한 고백은 오늘날 인생들의 심령을 깨운다.

전도자가 이르되 헛되고 헛되며 헛되고 헛되니 모든 것이 헛되도다 전 1:2

오죽하면 한 구절에 "헛되다"는 단어를 다섯 번이나 반복해서 썼을까 생각해 본다. 이는 해 아래서 수고하는 모든 수고가 그만큼 헛됨을 강조하고 또 강조하는 것이다. 부를 위해 하는 수고 등 이 땅에 쌓은 것들은 아무것도 가져갈 수 없기 때문이다. 오직 사람의 본분은 하나님을 경외하고 하나님의 명령을 지키는 것임을 밝히고 있다(전 12:13). 우리 인생들은 이 전도서 말씀을 염두하며,

늘 사람의 본분을 찾아 살아가야 할 것이다.

너희를 위하여 보물을 땅에 쌓아 두지 말라 거기는 좀과 동록이 해하며 도
둑이 구멍을 뚫고 도둑질 하느니라 오직 너희를 위하여 보물을 하늘에 쌓
아 두라 거기는 좀이나 동록이 해하지 못하며 도둑이 구멍을 뚫지도 못
하고 도둑질도 못하느니라 네 보물 있는 그 곳에는 네 마음도 있느니라
마 6:19-21

** 2025년 9월 20일 밤

14.
생명의 빛

나는 세상의 빛이니 나를 따르는 자는 어둠에 다니지 아니하고 생명의 빛
을 얻으리라 요 8:12

사도 요한은 "하나님은 빛이시라"라고 전했다(요일 1:5). 예수님
은 "나는 세상의 빛이라"라고 자증 설교하셨으며, 예수님 자신과
함께 있으면 "생명의 빛"을 얻게 될 것을 약속하셨다. 요한복음
1장 9절에서는 이 예수님을 "참 빛"으로 소개한다.

빛은 어둠을 밝힌다. 이 세상은 아담의 타락 이후 어둠에 처했
다. 죄가 들어옴으로 빛은 힘을 잃고 어둠이 세상을 덮은 셈이다.
예수님이 십자가에서 운명하실 때에도 이 현상이 있었다. 빛과 어
둠은 비유적이지만, 예수님 운명 시에는 실제로 3시간 동안 해가
빛을 잃고 어둠이 임했다.

예수님은 어둠을 깨고 부활하셨다. 참 빛으로 세상에 오셨지만, 자기 땅 자기 백성은 이 참 빛을 영접하지 못하였다. 그러나 참 빛 되신 예수 이름을 믿는 자들에게는 하나님의 자녀가 되는 권세를 주셨다(요 1:12). 하나님의 자녀가 된다는 것은, 빛이신 하나님의 빛을 받아 "빛의 자녀"가 된다는 뜻이다(엡 5:8).

이제 예수님을 구주로 영접한 자들은 죄악의 어둠에 다니지 아니하고 생명의 빛에 다니게 된다. 어둠의 자식이 아니라 빛의 자녀이다. 빛이 없으면 생명이 살 수 없음같이, 사람들은 예수님이 없으면 생명이 없는 것이다. 예수님은 생명이시며 빛이시다. 예수님을 영접한 자들 또한 잃었던 생명을 찾게 되고 빛에 거하게 된다. 반면 예수님을 영접하지 못한 자들은 죽은 사람들이다.

죽음에는 육적 죽음과 영적 죽음이 있으나, 사람들은 영적 죽음을 당했을 때 참 죽음을 맞는 것이다. 육적 죽음(영·육 분리)은 누구나 있을 것이나, 영적 죽음은 예수 생명을 받지 못한 자들만이 영벌을 받아 불 못에 처한 경우이다. 이를 요한계시록 20장 14절에서는 "둘째 사망"이라 일컫는다. 이 둘째 사망을 면하기 위해 많은 사람이 빛으로 나와 생명을 얻길 바란다.

하나님은 모든 사람이 구원에 이르기를 원하신다(딤전 2:4). 빛의 자녀 된 우리는 예수 그리스도 안에 거하는 자들로서, 빛의 자녀답게 살아가야 할 것이다.

너희가 전에는 어둠이더니 이제는 주 안에서 빛이라 빛의 자녀들처럼 행하라 엡 5:8

그 안에 생명이 있었으니 이 생명은 사람들의 빛이라, 참 빛 곧 세상에 와서 각 사람에게 비추는 빛이 있었나니, 영접하는 자 곧 그 이름을 믿는 자들에게는 하나님의 자녀가 되는 권세를 주셨으니 요 1:4,9,12

** 2025년 9월 21일 오후

15.
대한의 사랑아!

대한민국은 복된 나라이다. 대한민국은 스스로 복을 차는 일이 없어야 할 것이다. 선조들이 물려준 나라의 체제를 깨고 위태로운 나라를 다스려서는 안 될 것이다. 나라는 지켰을 때 살아남는 것이다. 원숭이도 나무에서 떨어질 때가 있고, 철인도 넘어질 때가 있으며, 타이타닉처럼 큰 배도 침몰 될 때가 있다. 나라도 예외는 아니다. 홍콩이 중국에 들어갔듯이 한국도 그리되면 안 된다.

그래서 우리 대한민국 국민은 일어나 나라를 지켜야 한다. 현 정권이 자유주의 체제를 무너뜨리고 있기 때문이다. 이 일은 한쪽 구석에서만 이뤄진 일이 아니다. 전 국민을 향해 이루어지고 있는 일이다. 그 세력들은 사회주의 이념에 붉게 물들어 오래전부터 세뇌되어 왔디. 누구든 목숨 걸고 씨우지 않으면 힘들 정도이디. 그러나 너나 나나 모든 국민이 들고 일어난다면 하나님의 도움을 받아 승리할 것이다. 무시하고, 핍박하고, 욕을 하고, 속이고 할지라도 나라 지킴이 국민은 태연하게 맞서 싸워야 한다. 힘을 합해 싸우다 보면 아침 안개가 차츰차츰 걷히는 것처럼, 환한 햇살이 비칠 것이다.

거듭 말하지만 대한민국은 자유민주주의를 수호하고, 저 북한을 흡수 통일하여 세계를 향해 나아갈 것이다. 온 국민이 자유민주주의로 하나 되었을 때 통일의 문은 열릴 것이다. 요즘처럼 이념이 뚜렷이 나뉜 경우는 통일의 소원도 희미할 것이다.

장기 집권을 위해 대통령 4년 연임제 개헌을 노리지만, 장기 집권은 어림없는 소리라. 뚜렷이 하나님의 손에 있는 대한민국은 사울 왕을 폐위하고 다윗 왕을 세운 것처럼, 하나님의 뜻에 합당한 자로 세워질 것이다. 사울 왕이 다윗을 죽이려 했던 것처럼 현 정권은 자신이 허물어 버린 대통령을 죽이려 하고 있지만, 생명은 하나님의 손에 있음을 알아야 할 것이다. 누가 먼저 죽을지는 하나님만이 아시는 일이라.

** 2025년 9월 22일 오전

16.
나는 누구인가?

"나라가 엉망진창인데 좋은 책 쓰면 뭐하냐!"라고 하나님은 내게 말씀하신다. 한번은 "나도 아름답고 멋진 시를 쓰게 하소서"라는 기도 응답에 "그거 뭐에다 쓸래" 하시며 황당한 답변을 하셨다. 그 후 나는 좀처럼 내가 좋아하는 것을 구하지 않는 편이다. 사람이 좋아하는 것을 구하기에 앞서 하나님이 좋아하시는 것을 구하고자 한다. 우리 모든 성도가 그리해야 하지 않을까 생각해 본다.

예전에 내 남편은 내가 돈 쓰는 것을 참 싫어했다. 심지어는 "찬양하는 사람들"에게 뭔가를 나누어 주는 것도 싫어했다. 한번은 뭔가를 누구에게 주었다고 하니, 그가 하는 말이 가관이었다. "옷도 다 빗이 줘버리고 신빌도 빗어 줘버러"라고 화를 버릭 냈던 일이 떠오른다. 하나님은 이런 것 하나하나까지도 주시하고 계신듯하다. 그다음부터는 이상하게 사람들이 와도 내어놓은 간식에는 손을 대지 않고 돌아갔다. 식사하고 가라 해도 모두 그냥 갔다.

이런 사소한 것들이 요인은 아니지만, 그 후 하나님은 나를 독립시킬 준비를 하셨던 것이다. 생긴 돈을 쓰지 못하게 하시고 쓸 데가 있으니 잘 간수하라 하셨다. 결국 지금 있는 이곳에 계약금으로 지불되었다. 이곳에 들어와서는 참으로 많은 사람이 자유로이 오갔다. 수없는 간식과 밥상을 차렸다. 함께 전도하고 찬양도 많이 했다. 공간도 그전보다 두 배가 넓어 종종 이곳에서 숙박을 하곤 했다.

지금은 그 많은 사람을 물리치고 하나님과 독대를 하며 글 쓰는 일을 하고 있다. 남들이 생각하기엔 이상하리만큼일 것이다. 그러나 나는 무엇이든 하나님께서 좋으시면 그만이다. 사람을 생각하랴? 하나님을 생각하랴? 는 물음에 당연히 후자여야 할 것이다. 내가 하나님을 남달리 생각하면 하나님께서도 내게 남달리 대하신다. 하나님의 존재를 느껴본 자만이 그 기쁨을 알 것이다. 이 땅을 떠나고 나면 무엇이 남겠는가? 오직 "예수"뿐이 아닌가? "예수"가 아닌 것은 무의미하게 사라진다. 우리는 전도서 전도자의 고백을 늘 마음에 새기며 살아갈 필요가 있다.

헛되고 헛되며 헛되고 헛되니 모든 것이 헛되도다 전 1:2

모든 사람의 본분은 "하나님을 경외하고 그의 명령을 지키는 것"이라고 고백하고 있다(전 12:13). 이제 나는 살아갈 이유를 알았다. 한 때는 "예수 믿으세요" 수없이 떠들고 다녔다. 이 또한 지나가고 이젠 조용한 사람이 되었다. 누구를 만나도 내 입은 닫혀 있을 때가 더 많다. 앞에 있은 사람은 무슨 할 말이 그리도 많은 지 말을 잘한다. 손자 자랑, 남편 이야기, 자식 이야기 등등, 그러나 나는 할 얘기가 별로 없다. 손자가 셋이지만 이 또한 별 내색하지 않는다. 그냥 말할 필요성을 느끼지 못해서일 것이다. 손자들이 그저 잘 커 줘서 고마울 뿐이고, 두 딸은 엄마 손길 없이도 잘 살아 줘서 고마울 뿐이다. 하나님께 감사할 뿐이다.

이제 내가 살아가는 이유는 주께서 내게 맡겨주신 사명을 잘 감당할 것뿐이다. 그러기 위해서는 하나님과 늘 원활한 소통이 필요하다. 아침과 저녁으로 기도 줄을 놓지 말아야 할 것이다. 성경을 가까이 하고 살아야 할 것이다. 목회 사명은 없는듯하니 맡겨주신 대로 나가고 있다. 가끔 그때 목회의 길을 선택했으면 어찌되었을까 생각해본다. 그때 목사안수 막 받은 후인가? 하나님께선 내게 물으셨다.

"너 목회할래? 공부할래?"

그때 난 공부가 좋아 공부한다고 했었다. 그 후 하나님은 내게 늘 "공부하라" "책을 보라" 하신다. 공부하게 하신 궁극적 이유는 훗날 다시 말할 기회가 있기를 바래 본다. 하여튼 나의 사명은 좀 특별하다 싶다. 어느 쪽이 더 좋다, 나쁘다 할 수는 없지만 지금의 나 된 것은 모두가 하나님의 은혜인 것만은 분명하다.

모퉁이 길에서

달려 갈길 다간 후
의의 면류관 받아쓰고
구원의 은총 노래하리

가다가다 힘들면
예수 나무 그늘에 기대어
쉼을 갖고 힘을 얻으리

반석의 생명수 예수!
생명의 떡 예수!
새벽빛 능력의 예수!

그 지팡이와 막대기로
나를 인도, 보호하시니
피난처 내 사랑 예수!

** 2025년 10월 25일

나가는 글

찌는 무더위도 지나갔다. 선선한 가을 날씨에 추석을 앞두고 있다. 지난 8월 후반 30편의 편지글을 쓴 후 잠시 휴식을 갖고, 또다시 펜을 들어 50편을 채웠다. 앞 4월에 쓴 50편은 여러 사정상 일단 덮어두고, 새로운 편지글들을 엮어 여섯 번째 책으로 내어놓고자 한다.

이 책을 씀은 개인의 어떤 욕심이 아니요, 나라 사랑과 국민 사랑에 기여하고자 함임을 밝히며, 대한민국 모든 국민이 하나님의 사랑을 입어 하나님의 뜻 가운데 행하기를 간절히 바라고 원한다.

하나님은 대한민국의 주관자이시며, 그 하나님의 정치사상은 자유주의 사상임을 입이 닳도록 말씀하시고 계신다. 남한의 온 국민이 자유주의 사상으로 하나 되었을 때, 저 북한을 흡수하고 세계를 향해 나아갈 것을 약속하신다.

아울러 하나님의 뜻과 상반된 사상은 오르지 못하고 무너질 것이며, 새로이 새 지도자를 세워 대한민국을 확장해 나갈 것을 드러내신다. 이 글이 현 정권에 맞서게 될 줄 알지만, 나라를 위한 이 마음은 어쩔 수가 없었나. 오직 우리의 피난처와 힘이 되신 여호와 하나님만을 의지하며, 무더위와 선선함을 아우르는 이 시기에 성령의 도우심과 역사하심으로 대한민국을 향한 호소문 글을 마친다.

하나님은 우리의 피난처시요 힘이시니 환난 중에 만날 큰 도움이시라, 이르시기를 너희는 가만히 있어 내가 하나님 됨을 알지어다 내가 뭇 나라 중에서 높임을 받으리라 내가 세계 중에서 높임을 받으리라 하시도다 시 46:1,10

부록

시의 영광

새봄의 기운이

봄의 기운이 나를 부르고
예쁜 앵초 꽃이 나를 반기니
그대는 일어나 힘을 내라!

추위에 떤 블루베리 새순이
삐긋이 웃음 지으니
그대 입가에 상큼한 미소여!

꽁꽁 얼었던 땅이 풀리니
봄의 일손을 주와 의논하며
그새 열매의 기쁨을 떠올린다

변하지 않을 것 같은 마음이
새 사람을 입었으니
굳어진 마음 바탕 깊이 갈아엎는다

** 2025년 3월 6일 아침

좋은 날

비 개인 후 청렴한 날씨
아침 봄 햇살이 나 여기
방긋이 웃음 보내올 때
덩달아 웃음으로 납한나

부활 후 이렇게 좋은 날
대 자연 앞에 숙연해지며
외양간에서 갓 나온
송아지처럼 뛰고 싶어라

어느 산골 소녀는
정이 숙이 불러 모아
들로 산으로 헤젓고 다니며
진달래 꽃 한 아름 꺾고
깔 푸데 한가득 깔 채워
낫 꽂혀 깔 따먹기 하였지

** 2025년 4월 23일 아침햇살 받으며..

인생의 봄날 찾아

따스한 햇살 봄날에
산들산들 봄바람에
꽃들도 하늘하늘 춤추고
푸른 잎 예쁜 숨결이라

돌고 도는 사계절은
인생들에게 본이 되니
고난 뒤 영광 있으리요
십자가 또한 일반이라

언젠가는 환희의 나라 이르러
"잘 살았다" 칭찬 받으리니
내 십자가 기꺼이 짊어지고
영광 찬양 호산나 나아가세!

** 2025년 4월 26일 오전

꽃의 달인

꽃의 달인 되어
꽃밭에 살고파라

꽃은 마음의 위로
꽃은 마음의 기쁨

익소라 베고니아
호접란 나리백합
자스민 카랑코에
데이지 목마가렛
백리향 수국이며

제라늄 카네이션
꽃기린 선인장꽃
매발톱 색색철쭉
작약꽃 춘철국에
장미꽃 해바라기

이름 모른 예쁜 꽃들
열매 주는 열매 꽃들

꽃은 사랑을 받아
사랑으로 덮어 주네

** 2025년 5월 16일

대한민국의 영광

바라고 바라보자 대한의 영광!
남녀노소 누구든 큰 소망 품고
소망의 큰 길 따라 나아가면
우리나라 영광 나라 이루리

복되고 복되어라 우리 조국이여!
긴 역사 잇기 위한 한줌 흙을 밟고
굳건히 서서 내 사명 잘 지키어
큰 영광 이루어가자 우리 대한아!

야금야금 축내지 말고 지켜내
오는 세대에 참 부끄럽지 않는
참되고 복된 나라 위상의 나라
자유주의 수호는 빛 된 영광이라!

영치기 영차 줄다리기는 접고
누구도 술렁이지 않는 국민들
한마음 한뜻으로 뭉쳐나서
영광 나라 이루어라 내 나라여!   ** 2025년 5월 16일 저녁

나라 살림이

라일락 꽃 지고
산철쭉도 졌다

포도송이 숭숭 올라와
새로운 재미도 스미건만
마음엔 돌 더미 하나 얹혔다

풀어야 할 조국의 과제 앞에
내 마음은 꽃밭에 살어리랏다

어찌하면 헤쳐나갈까?
하루하루 우물 안 개구리 되어
나라 살림이 지혜를 구한다

하늘의 지혜는 갈팡질팡
흐른 세월 붙잡지 못하고
어이하여 이곳에 왔던고?

** 2025년 5월 17일 낮

일어서라 대한민국

그런 사랑

자유 수호의 사랑 앞에
몸은 떠나도
마음만은 함께 있습니다

더 큰 것을 바라고
보다 작은 것을 내려놓은
그런 사랑이 있습니다

내 한 몸 내려놓고
살아나는 내 조국이라면
무언들 아끼리요?

조심조심 걷는 길에
한 발짝 한 발짝
기도 손을 내밉니다

시온에서 가르치신
산상수훈의 외침 따라
그런 사랑에 머무르고파

나 여기 머무른 자리

그런 사랑 앞에

오늘은 더욱 힘이 납니다

** 2025년 5월 18일 새벽

대한의 사랑

꽃은 어우러져 함박웃음 짓고
자연은 싱그러움 더해가고
맑은 하늘 뚜렷한 봄의 여왕!

언제나 우리 곁에 머물러
아! 사랑하노라 대한민국
이렇게 좋은 계절에 있어

비바람 몰아쳐도 살아가고
뜨거운 태양 빛에도 살아가고
난 너의 사랑에 웃고 우노라

네가 있어 살아가는 존재들
아! 그 사랑 우리 모두 지켜내어
한반도 자유 평화 통일 이루세!

** 2025년 5월 26일 이른 아침

침묵의 마음

마음 문 닫고
강산에 나가
자연에 살고파라

예쁜 새 소리
흐르는 물소리
바람에 춤추는
살랑살랑 나뭇가지들

무엇이 이토록
자연 속에 떠밀어
피어나는 그의 샘물
덮고파 하는가?

듣기 싫은 목소리들
우왕좌왕 얽힌 소리들
진심 없는 빈 마음들
시끌벅적 시시비비…

보내온 사명 있어
이내 자리 지키건만
오늘은 침묵 하고파

** 2025년 6월 5일 오전

동산의 꿈

꽃밭에 살고파서
주 은혜에 파고들고
꽃향기에 젖고파서
꽃밭에 빠져 사노라

지금은 이래 봬도
동산의 깊음 꿈꾸며
하나, 둘, 셋
이루고 이뤄가노니

둘기들아 오너라
짹짹이도 오너라
창조주 하나님 경배하며
화려한 동산에 즐거워하자!

** 2025년 6월 12일

흰 도화지 위

운치 좋은 곳 있나?
작은 집 하나 짓고
꽃과 나무 가꾸며
갖 가지 먹거리 심으며
나름의 휴식과 꿈이 있는
흙과 자연에 살고픔이여!

구수한 모닝 빵 갓 구워내
향기로운 유리 커피잔 들며
창으로 비추는 풍경 속속들
혹은 정원에 펼친 정자 위는
옥수수 감자 쪄내어 먹는 삶
노래하리라 주 찬양하리라!

둥실둥실 떠다닌 하늘 구름
째잭 째잭 지저귀는 새 소리들
또르르 또륵 흐르는 물소리
살랑살랑 춤추는 나뭇가지들
때론 내리치는 굵은 빗방울에

감사하는 마음과 노래하는 삶이여!

젊은 생각에는 죽는 것보다
늙어 가는 것이 두려웠으나
살다 보니 차차 익어가는 삶도
오목조목 다복다복 함이여
젊을 때 그릴 수 없는 삶 희망이
새로이 흰 도화지 위에 차곡차곡…

** 2025년 6월 18일 새벽

파도

처얼썩 처얼썩
잘도 소리 빚는다

들어왔다 나갔다
아름다운 은빛 물결에

걷던 걸음 멈추고
근엄함에 잠시 숙연함

너만의 독창은
주의 신비, 신비로다

** 2025년 7월 6일 아침

좋다 좋아!

아무 생각 없이
바닷바람에 젖어
행복할 때도 있다

삼천리반도 금수강산
언제 돌아봐도
야야! 좋다 좋아!

해안가를 따라
드라이브 삼는
바닷가 백사장에
파라솔을 치든
바닷물에 첨벙첨벙
개구리헤엄 치든

삼천리반도 금수강산
지키고 잘 지키어
길이길이 보존하세!

** 2025년 8월 20일 새벽

씻겨야 할 마음

비에 젖은 식물들은
씻겨야 할 것들이
뭐 그리도 많은가?
정녕 씻겨야 하는
나그네들의 마음은
두터운 솜이불 감싸고
깊어가는 가을 앞에
그 인생의 끝자락이
보일 듯도 하는 시에
비에 촉촉한 푸른 바닥처럼
성령의 단비에 젖어
깨끗한 심령 되고파라!!

** 2025년 10월 11일

가을 불청객

오늘도 어제도 많은 날
무슨 설움 그리 많아
하늘 눈물 하염없을까?

실 가닥 소리 없는 비 눈물은
아직 푸른 대지를 끊임없이
깊은 가을의 길 안내자인가?

농부들에겐 성가신 불청객
행여나 열매 떨어질라
행여나 맛 품질 떨어질라

우리들의 하늘 왕이시여!
티끌 인생들에게 노여움 그치사
이제 그만 쨍한 햇볕을 주소서!

** 2025년 10월 13일

찌르는 슬픔

깊어지는 가을 앞에
깊어져 가는 인생 앞에
너와 나의 공평한 삶은
붙잡을 수 없는 세월이라

추위로 시작하여
추위로 끝나는 한 해
급작스런 추위에 놀라며
다음 주는 좀 따뜻할까?

변덕스런 날씨 탓을 하지만
아냐, 아냐! 시월의 끝자락이야
"세월을 아끼라"는 말씀이
이제 와서 찌르는 슬픔이여!

무더위도 쑤욱 지나고
추위가 오도록 무덤덤
그럭서럭 시냈딘 삶이있딘지
괜한 날씨 탓, 씁쓸한 맘 스치네!   ** 2025년 10월 22일

일어나는 심령들

불로 불로 붙여 주소서!
여기저기 불타는 심령들이
뜨악뜨악 소리치도록
불로 불로 붙여 주소서!

타오르고 타오르거든
사마리아와 땅 끝까지
예수 복음! 예수 사랑!
힘차게 흘러 흘러 보내리!

세상바다 물결 위 뛰어
차차 넓혀진 진리의 영역은
우리게 능력 주시는 자
그분의 전능하심이라

＊＊ 2025년 10월 22일

덮으려 하지 마

남 탓하는 자 뉘신가?

그 이름 친근한 요셉은
형들에 팔려 종살이 갔어도
하나님의 형통한 일임이요,
억울한 누명을 쓰고 옥에 갇혀도
하나님의 형통한 일임이라!

두려워 떠는 자 뉘신가?

죄로 얽혀 죄 삯 치루지 못하고
행여나 높은 자리 잃을까?
행여나 나쁜 평가 미칠까?
행여나 감춘 재물 드러날라
노심초사 덮으려는 자 아닌가?

진리의 빛으로 나오면 밝히 보여
한사코 어두운 길 따르고지 한
불의의 천사들이여

악법의 천사들이여
과장한 허울에 끝내는 떨어지리니

훌훌 털고, 훌훌 낮추고
다시 일어서라 용사여!
겸허한 마음은 교만을 꺾고
다시 나비효과 발휘하여
나라살림이 요셉을 품자!

** 2025년 10월 23일

일어서라 대한민국

말씨

말에는 씨가 있어!
선한 말 심으면 선한 열매 거두고
악한 말 심으면 악한 열매 거두지

거짓말을 껌 씹듯 하면 거짓의 대가로
은혜 되는 말은 은혜의 풍성함으로
속이는 말은 속임수로 돌아오지

한 우물이 쓴물과 단물을 낼 수 없듯
악한 입은 악을 품어 내고
선한 입은 선한 말들을 품어 내지

성령으로 거듭난 자 뉘신가?
성령의 사람, 빛의 아들처럼
착함과 의로움과 진실함으로

인간의 입에 언어를 주신 주께
할렐루야 감사 찬양하며
진실하신 만유 주 경배하세!   ** 2025년 10월 23일

꽃의 향기 찾아

아침이면 유리 커피잔 들고
꽃향기 찾아 정원에 오르지
때때로 따분하면 또 찾아가지

식물을 통해 얻는 즐거움은
모든 이들의 공통점이려니와
그녀만의 즐거움은 특대일거야!

누가 찾아오지 않아도 괜찮아
혼자서도 충분한 희락만끽은
그녀와 주 함께 함이라

메뚜기들 나방들 날뛰고
컬러틱한 잠자리들 휭휭 돌고
형형색색 꽃 찬란 푸르름의 노래여!

그대들은 주 사랑을 힘입어
억수로운 기쁨 선사의 감탄사
언제까지나 내 삶의 동반자라   ** 2025년 10월 23일

테이블은 17번

돈가스 먹으러 왔어
언제나처럼 모듬으로 한 판
즐겨앉는 테이블은 17번이야
희한하게 내 오면 비어 있어

나도 모르는 사이 습관처럼
함박스테이크-비후가스-돈가스
이 순서대로 먹어
그런데 오늘은 섞어 먹었어

스프는 늘 두 접시 먹어
곧게 뻗은 탱글한 고추 하나
둥근 흰 쌀밥에 양배추 사라다
미색의 때롱 사라다는
입맛에 안 맞아 늘 남기지

전에 둘이 살 때 옆 지기는
이런 거 별로 시답잖게 생각해
지금은 혼자서도 잘 먹어

사실 "돈가스 먹으러 가자!"
하시는 분 그분의 인도하심이야

근데 여기는 남산이래 푸하하!!

** 2025년 10월 23일

*남산은 음식점 상호

차 문화의 나라

수많은 차들을 마신다
한 모금 한 모금 후루룩
혼석의 어색한 제스처를
차 문화의 현상으로 넘는나

외식 후 자리를 옮겨
카페모카 한잔을 놓고
시선은 차양 속 둘이둘이 여럿
잠시 홀가분한 생각에 잠긴다

추운 겨울 이웃 나라에 갔었지
길거리 풍경과는 사뭇 달라
한적한 공터에 불을 피우고
삼삼오오 옹기종기 차를 나눈다

늙어서 등 긁어 줄 사람이
옆에 있어야 한다는 내 나라 덕담에
아냐! "늙어서 함께 차 마실 사람"이라는
추운 나라의 덕담도 있단다

추운 나라 덕담이 더 좋아 보여
내 님은 어디 가고 청승 아닌 청승인지
앞에 앉은 그 사람이 스쳐가나
내 좋아한 카푸치노 한잔 쥐어 줄...

** 2025년 10월 23일

생각나는 대로

그분의 사랑이 있어
내가 살아갈 수 있습니다

그분의 붙드심이
나를 강하게 하십니다

보여 줄 것이 있다 하시니
꿈에라도 그분 뵙길 원합니다

소근소근 속삭이며 말할 때는
나는 꼭 그분의 사랑임을 느낍니다

오래된 친구처럼
떠나 있으면 죽을 것만 같습니다

잘못하면 "잘못 했노라"
잘하면 "잘 했노라" 가르치십니다

울면 "왜 우느냐?"
다 아시면서도 물으십니다

이상한 행동에
"왜 그리 했느냐" 물으시니
늘 그분을 의식하며 살게 됩니다

"꼭 필요한 사람이 되라"
부담감을 지워도 마냥 좋습니다

내 연약함과 내 부족함을
다 아시기 때문에 두렵지 않습니다

때론 꾸중하시나
다시 새로워 늘 새롭습니다

"불을 내려 주소서" 간구함에
불 받으면 뜨겁다 이대로가 좋다 하시니

그래요, 지금이면 충분합니다
나의 사랑 나의 신부야 부르시는 주님!

** 2025년 10월 23일

정상에 설 나라

세계 정상에 설 나라
하나님이 펼치신 나라
가소롭다 욕심꾼들아!

손바닥으로 하늘을 가리려나?
나뒹구는 돌덩이로 이 족속 만들어
새로운 나라 새롭게 하랴?

아무것도 인식 없이
자신들만의 신념으로, 신념으로
먹지 못할 쓴물들을 내뱉는구나!

남이사 어찌됐든
내가 살아야지 더 잘 살아야지
예수 정신은 온데간데없구나!

어떤 이는 나라 위해 목숨 걸고
어떤 이는 자기 욕심에 미혹되어
나라라도 팔아먹을 기세로다

가소롭다! 가소롭다!
푸른 나무도 말리는
악 떼의 무리들이여!

어디로, 어디로 끌고 가는지
배가 산으로 가는 듯
얽히고설켜 풀리지 않는 매듭

사람의 손을 떠났나?
하나님의 손이 남았으니
내 나라 정상국가 기필코 서리라!

** 2025년 10월 23일